효빈, 길을 나서다
설악산의 사계와 야생화

효빈, 길을 나서다
설악산의 사계와 야생화

초판 1쇄 발행 2020년 1월 2일

지은이 효빈
펴낸이 장길수
펴낸곳 지식과감성#
출판등록 제2012-000081호

디자인 최지희
편집 이현, 최지희
교정 박솔빈
마케팅 고은빛

주소 서울시 금천구 벚꽃로298 대륭포스트타워6차 1212호
전화 070-4651-3730~4
팩스 070-4325-7006
이메일 ksbookup@naver.com
홈페이지 www.knsbookup.com

ISBN 979-11-6275-943-1(03810)
값 27,000원

ⓒ 효빈 2020 Printed in Korea

잘못된 책은 구입하신 곳에서 바꾸어 드립니다.
이 책의 전부 또는 일부 내용을 재사용하려면 사전에 저작권자와 펴낸곳의 동의를 받아야 합니다.

이 도서의 국립중앙도서관 출판예정도서목록(CIP)은 서지정보유통지원시스템 홈페이지(http://seoji.nl.go.kr)와 국가자료공동목록시스템(http://www.nl.go.kr/kolisnet)에서 이용하실 수 있습니다. (CIP제어번호 : CIP2019053132)

홈페이지 바로가기

효빈, 길을 나서다
설악산의 사계와 야생화

글·사진 **효빈**

혼자 걷는 뚜벅이의 오색찬란 설악산과 그 속에서 피어나는 야생화와의 만남
그 이상 무엇이 더 필요하단 말인가.
설악, 이 자체가 아름다움이고 작품인 것을 ──

지식과감성#

머리말

　힘겹게 느껴지던 2012년 봄, 무작정 떠나기 시작하였으니 본격적인 여행과 산행 경력은 이제야 8년. 물론 처음엔 산이 좋아서라기보다 좀 편안한 곳에서 마음을 쉬고 싶었을 것이다. 관광지보다는 사람이 좀 없는 곳이었으면 했을 것이고, 그렇게 하루하루 나선 길이 산행의 참 재미로 다가왔을 것이다. 그 지역에 대한 여행 정보며 버스 시간, 등산로도 알아보고, 혹 1박을 해야 한다면 찜질방도 알아보고, 오로지 대중교통으로만 떠났던 시간들은 다른 세상과 만날 수 있는 소중한 시간이 되었다. 대중교통으로의 한계가 느껴지고 제약적인 것들도 많이 느껴지던 무렵, 산악회를 통해 백두대간을 왕복 종주하게 되었지만 많은 사람이 한꺼번에 산에 오른다는 자체가 나에겐 적응하기 힘든 일이었다.

　그래서 요즘은 어두울 때 진행해 알 수 없던 구간들, 다시 걷고 싶었던 길들 위주로 백두대간 그 길들을 되짚어가며 걸어보고도 있다.
대간 종주를 하였네~ 몇 번을 하였네~ 남에게 보여지는 그 명분이 중요한 게 아니라 제대로 속살을 느껴보고 싶어서다.

　서울에서 가까운 한남정맥, 한북정맥은 버스를 타고 다니며 마침표를 찍었지만 나머지 정맥들은 아직 메꿔야 할 구간이 많이 남았다. 서두르지 않기로 했다. 중요한 건 내가 그 산을 즐기자 하는 것이지 명분 쌓기가 아니니 말이다. 아무런 의무감이나 강박관념 없이 떠나고 싶다.

　지금도 어렵긴 마찬가지지만 처음 길을 나서기 시작했을 땐 야생화에도

산에 대해서도 전혀 무지한 상태였다. 길을 걷다가 하나둘 만나게 되는 꽃과 나무들은 궁금증을 유발시켰고, 알면 알수록 더 어려워지는 게 식물이란 걸 느끼게 되었지만 그 알아감이 나에겐 기분 좋은 스트레스가 되었다. 하나를 알면 모르는 열이 뒤따라 붙는다. 그게 식생이었다. 처음엔 그저 지난 산행기를 정리할 목적으로 시작했던 블로그가 많은 님들의 성원과 사랑을 받았으니 감사한 일이 아닐수 없다.

 책을 내 보라 권하시는 님들도 계셨지만 굳이 그럴 필요가 있을까 고사하다가 꼭 한번은 정리해 보고 싶은 곳이 있어 용기를 내어 보았다. 백두대간이나 전국의 많고 많은 아름다운 산들을 엮어볼까도 했지만 내가 가장 많이 가 본 산, 가장 애착을 보였던 곳이 어디였을까.

단순히 산을 넘어 그 속에 피고 지는 수많은 들풀꽃들이 살아가는 곳.
휘황찬란한 미사여구 없이도 빛이 나는 곳.
바로 설악산이었다.

 사계절 어느 때라도 감탄하며 경외하며 걷는 길, 설악을 소개하려 한다. 종이책으로 엮다보니 어쩔수 없이 야생화 사진을 많이 줄여야 했고 선명도나 색감이 원본에 비해 많이 떨어지는 것은 아쉬움이다. 야생화는 왼쪽에서 오른쪽으로, 위에서 아래로 설명을 덧붙였다. 국립공원에서 지정한 정규탐방로만으로 구성하였고, 대중교통으로, 홀산으로 진행한 여정들이다.

2020년 1월 1일   효빈

차례

머리말 4
01 당일 공룡능선을 넘다 7
02 서북능선의 7월 79
03 울산바위와 토왕성폭포 137
04 보랏빛 유혹 – 금강초롱과 산상의 화원 171
05 봉정암과 대청봉, 단풍에 물들어 가다 221
06 주전골과 만경대의 늦가을 265
07 아~ 설악, 눈보라 치는 겨울 설악산 297

01
당일 공룡능선을 넘다

설악산은 매년 3월 초순경부터 5월 15일경까지 산방기간(산불방지기간)에 들어가 대부분의 등산로를 통제하게 된다. 그러니 그 짧은 사이 설악에 가지 못함을 애태워하며 개방되는 날을 기다리게 된다. 5월이 다 가기 전 설악을 아니 다녀오면 왠지 할 일을 하지 않은 것처럼 찜찜함이 남을 것만 같다. 남도엔 이미 초여름 기운이 감도는 요즘이지만 늦게 시작하는 설악의 봄, 그 자리 그곳엔 그 아이들이 아직도 겨울잠에서 깨어나지 못한 건 아닌지 설렘과 두근거리는 마음으로 설악으로 달려간다.

동서울터미널에서 아침 6시 30분 차를 타고 오색에 도착하니 만차로 출발한 버스는 한계령에서 많은 사람이 내리고 오색등산로에서 몇 명이 더 내렸다.

예전엔 무조건 오색정류장에서 하차해 주었지만 이제는 등산로 입구에서 내려주니 한결 발품을 덜게 되었다. 물론 동서울로 돌아갈 때는 오색터미널로 가서 표를 구매해 타야 한다. 오색터미널에서 동서울행 막차는 오후 6시 15분, 7시 15분.

오색에서 속초행 막차는 오후 7시 20분, 8시 50분이지만 변경될 수 있으니 미리 확인이 필요하겠다. 대청봉으로 가는 가장 짧은 길이 이 오색(남설악탐방센터)에서 오르는 것이지만 가장 힘들다 느끼는 길 또한 이 코스일지도 모른다.

그나마 오를 때는 양호한 편이다. 끝없는

돌계단 내리막길 무릎 나가는 소리에 두 번 다시 이 길로 하산하면 성을 갈 겠다 다짐한 적도 여러 번. 이미 나는 수없이 성을 바꿨어야 했다.

오색의 돌계단을 오르다 은대난초와 쪽동백나무를 만나니 잠깐 멈춰 본다. 꽃 아래의 포가 꽃차례보다 길면 은대난초, 짧으면 은난초로 구별하고 있다. 다른 지방엔 거의 져가는 쪽동백나무도 이곳엔 5월 말, 이제야 피고 있는 아이들이 많이 보인다.

옛 여인들이 동백기름으로 머리단장을 하였지만 동백은 남서해안 일부에서만 생산되는 귀한 기름이라 서민들은 쓸 수가 없어 쪽동백이 동백 대신 유용하게 쓰이게 되었다고 한다.

비슷한 때죽나무에 비해 쪽동백나무의 잎이 더 크고 넓고 어수선하게 피는 때죽나무에 비해 꽃도 나란히 많이 달리는 편이다. ↑

조금 습한 곳에 잘 자라는 광대수염과 금낭화. ↑

마치 투명한 오징어의 날갯짓을 보는 듯 양 갈래 머리를 한 여학생을 보는 듯, 말괄량이 삐삐가 연상되는 현호색과의 금낭화를 보면 사실 그저 키우는 꽃 재배종일 뿐 야생화란 생각을 하지 못했었다. 우리 시골집 어딘가에 늘 피어 있던 꽃이었고 누구네 집, 공원 할 것 없이 정원수로 사랑받던 꽃이었으니 말이다.

깊은 산중에서 이 금낭화를 처음 보았을 때, 그때의 충격은 야생화를 알아가는 계기를 만들었을지도 모른다. 아~ 원래 야생에 있는 꽃이었구나. 그것도 자연 생태계의 보고 설악 깊은 곳에서 피어나니 그 신기함이야 오죽했겠는가. 나의 무지함과 편견을 깨는 금낭화에 대한 얘기였다.

← 나지막이 자라는 이 아이는 둥근잎천남성으로 봐도 되는 것일까. 천남성이라는 큰 이름 틀에서 둥근잎천남성으로 갈라져야 하는데, 어째 이름이 반대로 되었다. 둥근

잎천남성이 기본종이라 되어 있고 천남성으로 갈라진다니 원. 어쨌든 잎에 톱니가 없는 걸 둥근잎천남성, 톱니가 있는 것을 천남성이라 구별하고 있다.

요즘 숲에서 가장 흔하게 볼 수 있는 노린재나무와 미나리냉이다. ↑
봄철 키 큰 나무들 사이에서도 굳건히 꽃을 피우던 강인한 노린재나무가 보랏빛 열매로 익어 갈 때면 그 영롱함에 절로 걸음을 멈추게 될 것이다.
노린재나무는 그 강한 생명력이 우리네 옛 민초들을 닮은 것 같아 더 정감 가는 나무다. 노린재나무로 만든 잿물이 누런빛을 띠어서 황회목이란 이름으로도 불리게 되었는데, 치자나 자초 염색을 할 때 매염재로 쓰이던 황회를 만들던 나무였다. 황회 염색 기술은 일본에까지 수출하였다고 한다.
십자화과 미나리냉이는 잎은 미나리를, 꽃은 냉이를 닮아 붙여진 이름이다.

큰꼭두서니도 하나둘 피어나기 시작했고, 노란 꽃을 피운 우리나라 특산식물이고 희귀식물 국화방망이 만날 수 있는 행운도 얻었다. 큰꼭두서니의 잎은 네 장씩 돌려나고 1~2cm의 잎자루가 있는 게 특징이다. ↑

하얀색 꽃을 피우는 풀솜대와 두루미꽃. 그리고 이제 꽃을 피우기 시작한 붉은터리풀과 산수유를 닮은 노란 꽃, 그 생강나무도 열매를 맺어 간다. ↑

단풍나무과의 시닥나무도 꽃을 피웠고 애기나리도 고개를 숙이고 피어났다. 암수딴그루인 시닥나무의 암꽃이나 수꽃은 모양은 비슷하나 암꽃은 갈라진 암술이 있지만 수꽃은 암술이 없고 8개의 수술만 보이고 화서가 풍성한 편이다. 시닥나무의 꽃은 위로 피고 활짝 열리는 반면, 청시닥나무의 꽃은 아래쪽으로 달리고 활짝 벌어지지 않는 편이다. 시닥나무 수꽃의 수술이 8개인 반면 청시닥나무의 수술은 4개로 구별된다. ↑

정상으로 오르는 길엔 줄기에 2줄의 털이 선명하게 보이는 숲개별꽃이 많이 보인다. 숲개별꽃은 주로 북부지방 높고 깊은 숲에서 보였다. ↑

참 신기한 꽃이다. ↑

같은 시기에 찾아도 어느 해는 꽃 피는 시기가 늦어 볼 수 없더니만 박쥐나무도 하나둘 꽃봉오리를 터트렸다. 꽃잎은 도르르르 뒤로 말아 올리고 꽃술을 길쭉이 빼내면서도 나댄다는 느낌이 없다. 동굴 속. 어둠. 음침함을 생각게 하는 박쥐. 하필 왜 그런 이름이 붙여졌을까. 햇살이 비춰들 때 잎을 보면 펼쳐진 박쥐의 날개와 흡사하다 하여 붙여진 이름이다. 이름이 비슷한 박쥐나물도 있다. 박쥐나무는 박쥐나무과에 속하고 박쥐나물은 국화과에 속하는 여러해살이풀이다.

이것이 박쥐나물이다.

역시나 잎이 박쥐의 날개를 닮아 붙여진 이름이다.

잎줄기에 날개가 있는 것으로 보아 나래박쥐나물로 보인다. ↑

요즘 한창 피어나는 참회나무다. ↑

열매로 변하면 그나마 구별이 쉬운 편이지만 꽃이었을 때는 회나무와 참회나무가 너무도 비슷하게 생겼다. 둘 다 꽃잎이 5장이기 때문이다.

꽃잎 안쪽에 자갈색이 들어 있고 화서가 3회 분지하면 참회나무, 화서가 2회 분지하고 연두색 꽃이면 회나무라 하지만 회나무 역시 참회나무와 같은 조건인 경우가 많아 꽃이었을 때 구별하기가 어려운 게 사실이다.
그러니 그 자리에 꽃이 피었을 때와 열매를 맺었을 때 모두를 번갈아 가며 확인해 보기도 했었다. 가을 편에 소개하겠지만 참회나무 열매는 붉은 공처럼 익어 갈 것이다. 노박덩굴과 화살나무속 아이들은 참 복잡 다양하지만 꽃잎이 몇 장인지 날개가 있는지 없는지 한 번 자세히 알아 두면 큰 도움이 될 것이다.
물론 모든 게 변해 가는 세상에 다양하게 조금씩 변이되는 모습들도 만날 수 있을 것이다.

참회나무 꽃은 5수성(다섯 갈래)에 날개 없이 둥글고 붉은 열매.
회나무 꽃은 5수성에 얕은 날개가 있고 붉은 열매.
나래회나무는 4수성에 깊은 날개가 특징이고 붉은 열매.
회목나무는 4수성에 열매에 능각이 있고 붉은 피에 쌓인 검은 열매.
참빗살나무는 4수성에 능각이 없고 붉은 열매.

회잎나무는 4수성에 날개가 없고 가지에 코르크 같은 날개가 없다. 화살나무는 4수성에 날개가 없지만 가지에 코르크 같은 날개가 있어 회잎나무와 구별하고 있다. (회잎나무와 화살나무를 같은 종으로 보는 견해들도 있다.)
가을 편에서 다시 한번 살펴보자.

꽃잎이 4장(4수성)인 나래회나무다. ↑

아유~

젤리같이 독특한 꽃, 이게 회목나무 꽃이다. ↑

마치 만들어 놓은 가짜 꽃 같은 것이 잎 위에 얹혀진 모습도 그저 신기하고 싱그럽기만 하다. 가을의 열매도 참 독특한 나무다.

아이쿠 상큼해.
또르르르~ 그 물방울 나도 한번 받아먹고 싶네그려.
우리나라 특산식물 산앵도나무와 차로 많이 끓여 마시는 둥굴레다. ↑

　잠시 내린 비에 숲은 더없이 촉촉해졌다. 해갈이 되지 않을 만큼 아주 적은 양이었지만 숲의 생명들에겐 더할 나위 없는 단비였을 것이다. 그런데 안개는 걷히질 않고 너무 습해서인지 땀은 줄줄 흐르고 발은 천근만근. 정상에 올라도 조망이 가능할지 의심스런 날이다. 이런 날 대청봉에 서면 둘 중의 하나. 아예 아무것도 보이지 않거나 환상적인 운해를 만나거나. 무엇이 되었든 이 촉촉한 숲을 만난 것만으로도 족함이 있다.

　잠시 물 한 모금 마시고 그래도 설악에 온다고 평소엔 하지 않던 두유를 만들어 얼려 왔으니 크게 도움이 된 날이다. 두유 만들기 어렵지 않더구만요. 먹기 싫어 천덕꾸러기 취급받던 검은콩을 삶아 믹서기에 갈아내니 훌륭한 자연 두유가 되었고, 소금과 설탕을 조금 넣었을 뿐인데도 그 진한 맛이 배고픔도 갈증도 잊게 해 주는 든든함이 있었다. 그 두유의 힘으로 끝없는 깔딱 한번 올라보자구요. 끝나지 않을 것 같던 길도 언제나 끝은 찾아오기 마련이었다.

　살면서 누구나 한 번쯤 찾아올 위기도 시간이 해결해 주듯 말이다. 난 힘들다는데 길가의 다람쥐는 사람이 오든 말든 무관심의 끝판왕이다. 아무리 설악의 다람쥐라지만 도망가기는커녕 아예 본체만체. 그래~ 너가 주인 맞다.

　　힘이 들 때쯤이면 바람에 흔들리는 귀룽나무 하얀 꽃에도 취해 보고 까치박달에게도 수다를 걸어 본다. 스산하게 바람 불던 어느 해 중청 일대의 검게 익어 가던 귀룽나무 열매에 마음을 빼앗겼던 적이 있었다. 설악이니 더욱이나 특별해 보였을 것이다. 아래로 늘어뜨린 까치박달 모습을 볼 때면 벌레 같기도 해서 약간 움찔해지기도 한다. ↑

　　고도를 높여가니 십자화과의 여러해살이풀 산장대가 한창이고 양지꽃도 활짝 피어났다. 가느다란 줄기와 비스듬히 옆으로 누운 듯한 자세. 곧 쓰러질 듯 그러면서도 굳건히 고산에 적응해 연약한 줄기에 꽃을 피운 산장대는 조밥을 품은 듯 앙증맞으면서도 강건한 식물이 아닐 수 없다. 십자화과란 꽃잎 4장이 열십자 모양 같다 하여 붙여졌는데 워낙 꽃이 비슷비슷해 줄기 잎을 모두 보는 습관을 들이는 게 좋겠다. 양지꽃 꽃잎 안쪽으로 주홍빛이 선명하고 꽃은 큼직하고 마치 민눈양지꽃을 보는 것 같지만 높은 산에서 자라는 양지꽃의 특징이다.

아직 다른 이름이 등록되진 않았지만 고산형 양지꽃이라고들 부른다. 주로 고산, 특히 강원도 고지대에서 만날 수 있다. ↑

정상이 가까워지자 고산식물 요강나물(검은색)과 세잎종덩굴(붉은색)도 꽃을 피우고 있다. ↑

효빈, 길을 나서다~

　　그렇게 대청봉에 올라 공룡능선과 천불동 방향으로 시선을 돌려 보니 와우~
이게 무슨 일이래.
하늘과 바다 그리고 운해.
말 그대로 구름바다가 일대를 모두 평정해 버렸다.

그러니 이곳에 선 님들 1분 1초 허투루 보낼 순 없잖여요~
그저 숨죽인 채 셔터 누르는 소리만이 정적을 깰 뿐이다.

공룡능선과 마등령을 돌아 황철봉과 신선봉으로 이어지는 백두대간길이 피어오르는 연기 속에 황홀하기 그지없다.

오른쪽 아래는 천불동계곡에서 소공원으로 이어지고 왼쪽으론 공룡능선 마등령으로, 그 너머론 너덜겅이 유명한 황철봉으로, 내 머리 위 제일 뒷라인이 백두대간 마지막 구간에 있는 신선봉이다.

공룡능선은 내 무릎 우측 신선대(신선암)에서 좌측으로 1275봉을 지나 마등령까지 이어지는 능선을 말하고 공룡이 용솟음치듯 장쾌하고 그 암봉들이 공룡의 등줄기처럼 생겼다 하여 붙여진 이름이다.

대한민국 명승 제103호로 지정되었고 외설악과 내설악을 남북으로 가르는 설악의 중심 능선인 것이다. 사시사철 웅장하고 신비로운 경관을 쏟아내니 국립공원 100경 중의 제1경에 꼽힐 만했음이다.

정상 오르기 직전까지도 이런 멋진 날을 기대하지 않았는데 역시나 설악은 실망을 안겨준 적이 없었다. 대청봉 아래 화채능선 길목을 지키는 저 초소는 몇 년 전 가을에 생겨났다. 혹여 개방이 될까 기대를 해 보았지만 여전히 휴식년제 비탐방로로 묶여 있고 초소가 새로 생김으로 막으려는 자와 들어가려는 자들의 눈치작전은 더욱 치열해진 것이다. ↑

설악이 온통 다 운해에 덮였다가 급속도로 빠져나가는 중이었다. 화채봉과 화채능선 뒤로도 양털 이불보다 더 포근할 것 같고 솜사탕보다도 더 달콤할 것 같은 버블 덩어리들에 에워싸였다. 잡티 하나 섞이지 않은 순수의 결정체란 바로 이런 거였나 보다. ↑

　　시선을 중청대피소와 중청으로 돌려본다. ↑

제철 만난 털진달래와 왼쪽 뒤 서북능선 귀때기청봉과 그 우측 뒤 뾰족한 안산과 멀리 북녘의 산들까지. 맑고 푸르고 시계까지 좋은 그야말로 최고의 날을 만난 것이다.

털진달래는 어느 해는 5월 말에, 어느 해엔 6월 초에 피었지만 피었는지 지었는지도 모르게 여름을 맞이하는 해도 있었다. 그러니 운 좋게 털진달래 피어난 정상에 선다면 무얼 더 바랄 수 있겠는가. 바람 거센 이 꼭대기에 피어난 것만으로도 경이로운 일이 아니던가. 털진달래는 진달래보다 늦게 피고 주로 고산에서 만날 수 있다.

두 볼이 상징인 오른쪽의 중청과 왼쪽 끝청을 돌아 다시 우측으로 돌아가면 가운데 귀때기청봉으로 서북능선이 흐른다. 가운데 귀때기청봉 좌측 뒤로가 가리봉과 주걱봉.

귀때기청봉 우측 뒤 뽀족 봉우리가 안산이다. 우측 중청 맨 뒤로 보이는 산이 용늪이 있는 대암산일 것이다. 보호해야 할 식물이 많은 곳이라 예약제로 운영되는 곳이다. 줄 서 이동해야 하고 자유로운 탐방이 되지 않다 보니 나에겐 좀 버겁게 느껴졌다. 물론 용늪을 벗어나면 산행은 자유롭게 가능하다. ↑

　대청봉에서 바라본 좌 중청과 우 공룡능선과 황철봉. ↑

여유로운 설악을 즐기고 싶어 주말을 피한 것도 탁월한 선택이었다. 이 모든 것이 온통 내 것이 되어 버렸으니 벅찬 마음에 감당이나 될지 모르겠다. 유후~ 나는 부자가 되었어요.

이날의 하늘이 사진으로 다 표현되지 못했을 뿐, 절대 채색을 더한 게 아니랍니다. 계절마다 같은 설악을 오고 또 오지만 똑같은 하늘을 만난 적은 단한 번도 없었다. 운해가 장관인 날도 있었고, 파란 하늘에 감동한 날도, 시야가 좋은 날도, 먹구름이 멋스러운 날도 있었다.

설악에 와서 날이 안 좋다 투덜거려 본 기억이 없으니 설악은 어느 때라도 그 포스 남다른 마력의 산이었던 것이다.
미세먼지가 일상이 되어 버린 요즘에 진하디진한 자연색을 그대로 느꼈던 적이 몇 번이나 있었을까 싶을 만큼 모든 게 살아 꿈틀대고 있는 것만 같다. 하늘색과 파란색과 녹음이란 저런 거였어. 펄펄 끓어오르는 용암 한가운데에 설악이 잠긴 것만 같고 그 속에서 피어오르는 수증기를 보는 지금 이곳은 어디여~ 나는 누구여.
너무 아름다운 경관 앞에 내가 할 수 있는 감탄사라고는 입 벌리고 와~ 와~~거리는 게 전부. 죽여주는 멘트 하나 알아 두었다가 이럴 때 써먹어야 겠어. 그러나 정작 이런 장면 앞엔 아무 말도 나오지가 않는다. 급속히 빠지고 있는 구름바다를 한시도 놓치고 싶지 않아 자릴 떠날 수가 없다.

효빈,길을 나서다~

　보이는가~ 공룡능선 마등령과 황철봉을 넘고 향로봉을 넘으면 맨 뒤로 금강산 그 일만이천봉이 손에 잡힐 듯 저리도 가까운 걸 말이다.
내 번들렌즈가 이럴진대 성능 좋은 렌즈로 담는다면야 저 바위봉 하나하나마다 다 살아서 움직일 것만 같다.
공룡능선이 끝나는 첫 번째 능선이 마등령. (가운데에서 살짝 우측) 그 뒷라인이 너덜이 악소리 난다는 백두대간 황철봉이고, 가운데에서 좌측 뒤로 조그맣게 둥그런 볼이 보일 것이다. 군부대가 주둔하고 있는 향로봉이다. 북설악 매봉산과 칠절봉에 서면 더 이상 가지 못하고 바라만 보던 봉우리가 향로봉이다. 허가를 맡으면 출입은 가능하다지만 군부대 접근이 그리 용이하겠는가.

우리 땅이라는 걸 인지라도 시켜 주려는 듯 맨 뒤로는 금강산이 저리도 선명하게 손짓을 해댄다. 이곳에 서면 늘 기대하게 된다. 향로봉을 넘어 이제 금강산으로 이어질 날을 말이다. ↑

하늘은 쾌청하기 이를 데 없고 기분이 너무 좋아 설악산과 대청봉(1,708m) 소개도 늦었다. 설악산은 1965년 자연에는 딱히 관심도 없을 것 같던 그 시절에 이미 천연기념물로 지정되었고 1970년 국립공원에 지정되었다.

강원도 양양군과 인제군, 속초시에 걸쳐 있는 산으로 설악이란 이름은 中秋(중추)부터 눈이 내려 다음 해 여름에야 녹는다 하여 설악, 설화산, 설산, 설봉산이라 불렸다 한다. 『세종실록지리지』 양양도호부에 '명산은 설악이다'라는 기록이 처음 등장하고 『신증동국여지승람』 양양도호부에는 '진산이며 매우 높고 가파르고 8월에 눈이 내리기 시작하여 이듬해 여름에야 녹는 까닭으로 이름 지었다'라고 기록되어 있다 하니 설악의 험준함과 서늘함이 그대로 전해지는 듯하다.

1982년 우리나라 최초로 유네스코에서 생물권 보전지역으로 지정된 설악산은 사시사철 언제라도 희귀 동·식물로 볼거리 넘쳐나고 기후 변화로 인해 멸종위기에 처한 눈잣나무를 볼 수 있는 곳이기도 하다. 바람꽃이며 산솜다리, 왜솜다리, 봉래꼬리풀, 구름체꽃, 자주솜대, 금강초롱, 금강분취, 등대시호, 가는다리장구채, 만병초, 참기생꽃 등등 평소엔 쉽게 접할 수 없는 귀하신 몸짓들이 자생하는 곳이기도 하다. 눈 많기로 유명한 강원도답게 겨울의 설악은 두말할 필요 없이 아름답고 가을의 단풍 진 대청봉과 중청의 모습도 빼놓을 수 없겠다.

울창한 저지대의 단풍이 더 화려하고 고울 수는 있지만 거친 바람에 맞서며 이 고산부에 어렵게 물들어 가는 키 작은 나무들의 대견함을 상상해 보시라.

주말이면 인증을 하려는 사람들로 긴 줄을 서야 하는 대청봉이지만 평일 하루 짬을 내니 이렇게나 한가롭고 평화로운 길이 되어 있었다.
중청대피소로 내려가다 뒤돌아보니 키 큰 외국인 한 명이 내려온다. 인증샷을 부탁하기에 찍어 줬는데 굳이 대화를 나누지 않아도 원하는 것은 무언의 눈빛으로도 충분했다. 저 외국인에게 사진 한 장은 이 아름다운 설악에 대한 깊은 여운으로 남아 주길 바라본다.

아름다운 설악의 5월. 계절의 여왕이라는 5월이 설악에 와서야 빛을 내고 있었다. 몸은 무겁고 끝없는 오색 오름길에 지쳐 한동안 설악에 오지 않겠어… 씩씩거리며 오른 것이 채 얼마였던가.
이왕이면 공룡능선도 넘겠다 나선 길이지만 대청에서의 희열에 더 이상의 바람도 사라져 버렸다. 중청대피소로 내려서다 멈춰 서고 감탄하고 또 멈춰 서고. 이리 늑장을 부려서는 어디로 내려가도 하산길이 빠듯하기만 할 것이다. 체력이 받쳐 줄지 모르겠지만 나는 오늘 저 공룡을 넘을 생각이다. 그리고 오늘을 마지막으로 향후 5~10년간 저 공룡에게도 나만의 휴식년제를 가져 볼 생각이다.

　그 길엔 어떤 들풀꽃나무들이 자라고 있는지 이 봉우리를 넘으면 무슨 바위가 있었던지 다달이 찾는다고 설악이 어디 그러겠느냐만 행여 너무 익숙해짐에 무뎌질까 스스로에게 공룡능선에 대한 휴식을 주기로 한 것이다. 그리고 시간이 흘러 다시 공룡을 밟게 되었을 때는 모든 게 새로워졌을 식생들과 바위 하나하나마다와 조우하고 싶음이다.
　행여 그때는 산행이 힘들다 하더라도 또 지금처럼 당일로 저 길을 넘지 못한다 하여도 이틀, 삼 일 걸려서라도 강산이 변했을 10년 세월과 대면하고 싶다.
　5월이면 또다시 저 길을 걷고 싶어 안달이 나고 초조해하겠지만 굳은 마음으로 참아 볼 생각이다. 그러니 마지막이 될 수도 있는 오늘은 저 속속들이 눈에 담고, 카메라에 담고, 행여 좀 하산길이 늦어진다 하여도 놓치지 않고 인사 나누고 지나리라. 사진만도 1,200장을 넘게 찍었으니 시간과 노력과 애정이 부족하진 않았으리라. 어쨌든 너무 늑장 부리다간 정말 한밤중에 하산할 수도 있다. 이젠 슬슬 내려가 보자.

이 길을 내려설 땐 늘 키 작은 댕댕이나무가 반겨준다. ↑
개들쭉나무로 보는 사람들도 있고 두 종을 같은 것으로 보아도 되지 않느냐는 견해들도 있다. 댕댕이나무보다 키가 작고 털이 거의 없는 점으로 그리 보는 것도 같고 어쨌든 인동과의 낙엽관목 댕댕이나무는 보호해야 할 희귀식물로 한라산이나 대암산 설악산 일대의 고산에서 자라는 북방계 식물이다. 워낙 바람 심한 대청봉 아래에 자리 잡았으니 작은 키가 대수겠는가. 그 단단함과 강직함이 한 아름의 고목들 부럽지 않음이다.

울릉도와 설악산 이북에서 자생하는 두메오리나무와 우리나라 특산식물이고 희귀 멸종위기식물인 떡버들이다. ↑
두메오리나무는 덤불오리나무로 보시는 분들도 계실 만큼 구별하기 애매한 게 사실이다. 한라산에서 처음 발견되었다는 떡버들은 잎이 떡처럼 두껍고 커서 떡버들이라 하였고, 한라산과 가야산 설악산에서 자생한다고 보고되고 있다.

환경에 변화하고 다양화되는 식생은 알면 알수록 어려워지지만, 자연을 접하며 하나씩 알아가는 재미만큼 쏠쏠한 것도 없으니 오늘도 나는 산으로 자연으로 떠나는 이유가 되었을 것이다.

중청대피소에서 가볍게 간식을 하고 이제 소청으로 간다. 너무 어영부영 뒷동산 오르듯 하고 있는 건 아닌지, 이러다 정녕 공룡을 넘을 수나 있을는지. 작년의 체력만 믿고 있는 건 아닌지도 심히 걱정이 되는 부분이다.

중청대피소 지나 소청으로 가는 이 길을 걸을 때 나는 늘 희열을 느낀다. 겨울이어도 좋고, 새벽이어도 좋다.

소청대피소에서 1박을 한 뒤 간간히 랜턴 불빛이 오가는 고요한 새벽이 길을 걸어 대청봉으로 갈 때의 그 청정하고 상쾌하지만 조금은 외롭고 쓸쓸하기도 한 길. 말로 표현할 수 없는 오묘함은 내 오랜 기억으로 남아 버렸고 그 새벽의 가슴 저릿한 기분이란 멈춰 버린 시간처럼 이 길을 걸을 때마다 되새겨지고 있었다. 소청으로 내려가면서 보는 풍경이다.

곳곳에선 연기 피어오르고 특히나 오늘처럼 모든 천연색들이 그대로 드러나는 날이라면 건강에 무리가 올까 걱정일 만큼 그 흥분됨은 극에 달하게 된다. 가운데 제일 뾰족 1275봉을 넘어 마등령까지 공룡능선이 이어지다가 황철봉, 신선봉으로 백두대간이 이어지는 광경이다. ↑

　이제 운해도 거의 빠져나가고 울산바위와 그 아래 선박 모양 리조트단지도 그대로 드러난다. 눈 크게 떠보면 울산바위에 선 사람마저 보일 것만 같다.

늘 높은 능선에서만 바라볼 뿐, 가 본 지 오래된 울산바위. 울산바위만 다녀오긴 좀 아쉬우니 토왕성폭포를 보러 가는 날 올라보리라. ↑

　케이블카가 있는 권금성 찾아보기~ ↑

그리고 가운데 뒤로 리본 모양을 한 달마봉도 보이고 속초 시내와 양양 일대와 동해의 푸른 바다도 이렇게나 깨끗할 수가 없다.

달마봉은 달마대사를 닮았다 하여 이름 붙여졌는데, 백호 같다는 사람들도 있다. 나는 하늘을 향해 붕대를 감고 누운 미라를 닮았다고 생각하곤 한다.

　왼쪽 뒤로 서북능선의 맹주 귀때기청봉과 그 바로 우측 뒤로 뾰족한 안산이 보이고 아래론 공룡능선에 견줄 용아장성이 그 기암들 도열해 놓았고 봉정암 찾아보는 재미도 함께하는 곳이다. ↑

　적당히 바람은 살랑거려 주고 미세먼지는커녕 이 푸르른 날을 내가 다 감당하지도 못하겠다. 꿈길을 걷는 것만 같다. 누구라도 감동하지 않을 수 없는 날 축복받은 설악이다.

 헬기장이 있는 소청을 지나 희운각대피소로 내려가는 길에 가운데 아래론 희끗 희운각대피소가 보이고 그 위로 수많은 봉우리 봉우리들.
저 안엔 우리가 다 가 보지 못한 많은 비경(비법정탐방로)들이 자리하고 있다. 아름답고 수려한 곳곳들이지만 위험한 관계로 통제된 곳이 대부분. 물론 환경과 산림 훼손을 막고자 하는 이유도 있을 것이다.
산수화의 전형을 보는 것만 같다. 나는 예전에 가끔 그런 생각을 했었다. 옛 선조들이 산에 들어 산수화를 그리고 절경에 감탄했다는 글을 접할 때면 요즘처럼 자동차며 건물, 석탄, 온갖 매연들도 없었을 때 주변이 온통 다 자연이고 녹음이었을 그 시절에 굳이 왜 산에 올랐을까.

내 20대 어느 날 엄마가 마당 귀퉁이 조그만 땅에 꽃을 심고 가꾸는 걸 보고 엄마도 꽃이 이쁜 줄 안대~ 라고 물어본 적이 있었다. 엄마 나이가 되면 아니 그런 줄 알았다.
시대가 다르고 나이가 다른들 아름답다 느끼는 그 감정마저 다르진 않았던 것이다. 이런 풍광 앞에 남녀노소 누군들 환호하지 않았겠는가.
엄마 좀 더 젊었을 때 진작 왜 이런 명산 한번 같이 오지 못하였을까. 물론 그땐 내가 산을 몰랐을 때였고 여러 가지 상황이 되지 않았겠지만 문득문득 길을 걷다가 그런 생각이 들 때면 아쉬움이 밀려온다.

효빈,길을 나서다~

가운데 저 화채봉과 그 일대는 개방을 할 듯 말 듯 여전히 국공은 지키고 몰래 들어가려는 사람들과의 눈치 싸움이 치열한 곳 중 하나다.

어차피 갈 사람들은 공공연히 다 드나드는 곳이 되었고 가고자 한다면 못 갈 것이 없겠지만 그래도 이왕이면 떳떳이 드나드는 곳이면 좋겠다. 이제 비탐방로 한두 개쯤 개방을 맞았으면 하는 바람이다. 용아릉이나 화채능선을 개방하는 대신 다른 능선을 잠시 묶어두는 방법 등 다양하게 모색해 주셨으면 좋겠다. 숨어서가 아닌 떳떳하게 또 다른 설악을 만끽해 보고 싶음이다.

희운각대피소로 내려와 그냥 천불동으로 하산할지를 고민한다. 소청에서 희운각으로 내림길도 만만치가 않아 그곳을 내려오고 나면 다시 또 천불동으로 계속되는 내리막은 내키지가 않는다. 그래서 공룡으로 가겠다 오늘도 결론은 그리 난다. 오후 2시가 막 넘어서고 있다. 무너미고개를 지나 공룡능선으로 간다. 야생화 사진을 찍지 않거나 나처럼 늑장을 많이 부리지 않는 분이라면 조금 더 앞당겨 지날 수도 있겠다.

무너미고개에서 마등령삼거리까지는 4.9km 가 보자고요. 산솜다리도 난장이붓꽃도 기다리고 있을 거라구요.

　고기 맛이 나고 풍미가 뛰어난 고급 산나물 눈개승마도 사방에서 꽃대를 올리고, 불가사리인 듯 춤추는 꼴뚜기인 듯 백두대간이나 고산지대에서 만날 수 있는 백합과 여러해살이풀 금강애기나리도 활짝 깨어났다. 세 가지 맛이 난다고 하여 눈개승마를 삼나물이라 부르기도 한다.
　금강애기나리는 작은 백합 같기도 하고, 나리 같기도 한 것이 제법이나 귀티 나는 녀석으로 금강산에서 처음 채집되어 붙여진 이름이고 희귀식물군에 포함된 한국특산식물이다. 애기나리는 검은 열매를 맺고 금강애기나리는 붉은 열매를 맺는다. 하늘의 반짝이는 별처럼 5월 말의 설악을 수놓고 있다. ↑

← 풀솜대와 비슷하지만 꽃은 연녹에서 자주색으로 변해 가는 희귀식물 자주솜대. 주로 지리산과 덕유산 소백산 태백산 등의 고지대에서도 자생하고 설악 이곳엔 워낙 많아 귀한 꽃이었나 잊고 있을 정도다. 이제 관심 있는 사람들에게 꽃은 많이들 알려져 있지만 가을에 열매 맺은 모습은 아직도 생소하게 느껴질 수 있는 자주솜대. 그 가을날의 결실도 기대해 보자구요.

공룡능선의 첫 번째 봉우리 신선대에 오르면 가야 할 공룡능선이 수려하게 펼쳐진다. 왼쪽으로 돌고 돌아 공룡능선 최고봉인 1275봉을 지나 뒷라인 마등령으로, 가운데 제일 뒷라인은 백두대간 황철봉.
가운데서 살짝 우측 아래로 첨성대를 닮은 듯, 북한산 인수봉을 닮은 듯한 범봉도 보인다. 저 속속들이 기암 속으로 들어가 보자. 이 길엔 수많은 기암 병풍이 이어지지만 오늘은 그동안 담지 못해 봤던 바위들에게만 주로 시선을 줘 보기로 한다. ↓

　　그래~ 이 난장이붓꽃이 보여야 공룡능선이지. ↑

저 진한 색감 좀 보라. 가는 길, 저 청보라의 환대에 어찌 이 길이 즐겁지 아니할 것인가.

강원도 이북의 높은 산에서 자생하는 붓꽃과의 여러해살이풀 난장이붓꽃은 역시나 설악 일대에서 볼 수 있는 보호해야 할 희귀식물이다. 멸종위기에 처한 난장이붓꽃마저도 이곳은 흐드러지게 피었다. 그 이름 설악이 허투로 불려지지 않는 이유이고 공룡을 넘어봐야 하는 이유이기도 하다.

한동안 찾지 않을 이 길의 모든 식생들과 원 없이 눈맞춤한다. 바람 거센 설악의 바위틈 사이에서도 굳건히 오늘을 살고 있으니 이 얼마나 기특한 일이던가. 덕분에 자그마한 크기로 바짝 엎드려 그 생존력을 높였을 것이다. 우리가 설악과 공룡능선의 식생들에게 경외감을 보내는 이유는 그 모든 악조건에서도 꿋꿋이 꽃을 피우고 또 내년을 기약하고 있다는 것이다.

아궁~ 바위틈에서 빼꼼.
그리 노골적으로 쳐다보면 내 어찌 외면할 수 있다니.
더군다나 요래요래 이쁜이들을 말이야.
그래~ 이 시기 이 길을 걸을 땐 금강봄맞이꽃을 빼놓을 수 없겠다.
꽃은 봄맞이꽃이나 참꽃마리와 비슷하지만 설악산 응달진 바위 틈새로 자라는 설악산의 한 주인이고 금강산과 설악에서밖에 볼 수 없는 귀한 꽃이기도 하다. 하기야 설악에서 귀하지 않은 것이 무에 있으려만 말이다. ↑

아~ 만주송이풀이구나. ↑

늘 피는 시기를 맞추지 못해 꽃이 진 잎만 보거나 꽃이 피지 않았을 때 보거나 오늘서야 제대로 현삼과 송이풀속의 만주송이풀을 사진에 담는다. 만주가 들어간 이름에서 알 수 있듯 북방계 희귀식물이고 설악산 일대에 자생지가 국한되어 멸종위기에 처한 식물이다.

설악산은 그야말로 희귀 야생화의 보고이고 북방계 아고산식물의 전시장이라 해도 과언이 아니겠다. 며칠 사이로 또 다른 식생들이 깨어날 설악이니 어찌 같은 곳을 밟고 또 밟지 않을 수 있겠는가.

아이구~

드디어 이 공룡의 주인공을 만나네.

저 고고함. 바위틈에 홀로 꿋꿋한 자태 좀 보라.

요즘은 그래도 많이들 알고 계시지만 사람들이 흔히 에델바이스라 생각했던 산솜다리다. 예전 〈사운드 오브 뮤직〉이라는 영화가 인기리에 상영된 뒤 에델바이스라 생각한 설악산의 산솜다리는 그야말로 기념품 목록이 되었다고 한다. 1970년대 수학여행 온 학생들에게 압화 액자로 만들어진 산솜다리가 열풍이었을 정도라 하니 그때의 무차별적인 남획이 이어지면서 멸종위기종이 된 우리나라 특산식물 설악산의 산솜다리다. ↑

솜다리는 금강산과 평안도 일대에 서식하고 우리나라에는 없는 걸로 알려져 있고 왜솜다리는 7~9월쯤 설악산 서북능선을 포함, 충청 이북 쪽에서 볼 수 있을 것이다. 예전엔 왜솜다리 자생지가 소백산 이북이라 하였지만 대야산에서도 만날 수 있고 점점 아래쪽으로 내려가는 추세다. (산솜다리는 따로 설악솜다리라 분류해야 맞다고도 했었고, 왜솜다리는 국생정엔 아직 미등록이지만 국가표준식물목록 개정판에 솜다리로 정정 등록되었다니 왜솜다리는 솜다리로 부르는 게 맞다고도 한다. 이름이 확실히 정립되지 않은 것 같아 머리가 아프다.)

어쨌든, 북부지방 높은 바위 경사면에 주로 서식하는 산솜다리는 공룡능선의 꽃이고 기쁨이다. 공룡능선 험준한 바위 절벽 위로 핀 산솜다리를 보는 순간 힘든 것도 싸그리 잊게 해 주는 마법이 되어 준다.
온몸에 흰 분가루 가득 달고서 누군가의 꽃이 되어 준 고마운 녀석. 이쁜 머리핀이, 부터 나는 고상한 브로치가 이만이나 할까.

바위 경사면 틈틈이엔 돌단풍이 자리를 잡았고, 이제 꽃을 피우려는 금마타리와 자주솜대도 한 앵글에 들어온다. 자주솜대가 이곳엔 너무 흔하게 보이니 귀한 꽃임을 잊는다. 이곳은 설악이니까. ↑

효빈, 길을 나서다~

이쁜이 얘기에 어찌 큰앵초가 빠질 수 있겠는가. ↑
초롱초롱 환하게 밝혀주니 없던 힘도 불끈이요.
이 계절의 숲은 큰앵초 때문에 밝아졌다 해도 과언이 아니겠다. 가는 곳 어디라도 화사하게 웃어 주니 절로 기분이 좋아진다. 꽃은 미소 짓게 해 주고 기분 좋게 만들어 주는 묘약. 그래서 사람들이 꽃을 좋아하는 이유일 것이다.

효빈, 길을 나서다~

 나는 이 바위를 볼 때면 늘 '큰 바위 얼굴'을 닮았다 생각하곤 한다. ↑
하나의 바위 같지만 저 안엔 수많은 사람들이 저마다의 형태로 또 다른 모습으로 오늘을 살고 있다 느꼈다. 고개를 쭉 빼고 주변을 살피는 목이 긴 라마도 보이고, 연인에게 기댄 모습도 보이고, 철갑을 쓴 것처럼 무뚝뚝해 보이는 아저씨도, 이집트 파라오도 저기에 있었네.
 그러나 절대 변하지 않을 것 같은 굳건한 바위도 해마다 아주 조금씩 달라지는 듯 보였다. 몇 년 후엔 또 어찌 변해 있을지 벌써부터 이 길이 이 바위들이 궁금해진다. 몇 년 전부터 이 길을 걸으며 대중교통으로 당일 공룡능선이 가능하다는 걸 확인한 건 큰 기쁨이었다.

  에구~ 그런데 오늘은 왜 이리 힘든 것이여. 가쁜 숨소리에 내가 치일 것만 같다. 세계 고봉들을 정복한 유명 산악인이 그러지 않던가. 에베레스트 킬리만자로 등반할 때나 북한산 도봉산 오를 때나 힘들기는 마찬가지라고. 그러니 나 같은 초피래미가 힘든 것은 이상한 일도 아닐 것이다. 게다가 야생화 담겠다고 앉았다 일어났다를 수없이 반복하는 일은 큰 중노동이 아니던가. 그 중노동이 산행의 가장 큰 활력이 된다니 아이러니가 아닐 수 없다. 단 며칠 내로 이곳의 식생들은 또 변해 가고 있을 테니 설악은 한 달도 길다. 그러니 어찌 또 설악으로 달려오지 않을 수 있겠는가.

우뚝 솟은 범봉과 희야봉 왕관봉으로 이어지는 천화대 능선 또한 릿지산행 좋아하는 사람들에겐 참을 수 없는 유혹이 될 것이다.
하늘 아래 꽃이라는 저 수려한 천화대 능선을 옆에 끼고 걷는 지금 무언들 부러울 것이 없다. 천화대와 범봉 역시 비법정탐방로로 지정되어 있다.
왼쪽 뒤는 울산바위, 가운데 뒤로 조그맣게 보이는 나비 모양은 달마봉이다. ↑

　괴불나무속은 열매를 맺었을 때도 꽃을 피울 때도 비슷비슷해 혼동하기 쉬운 관목이기도 하다. 그러니 만날 때마다 재차 확인해 보는 수밖에 없다. 붉은 꽃을 피운다 해서 무조건 홍괴불나무가 아니듯 흰 꽃을 피운다고 무조건 흰괴불나무나 흰등괴불나무가 아니라는 것이다. 잎은 마주나고 새 가지의 잎겨드랑이에서 1~2개씩 피어나는 꽃은 흰색에서 연한 황색으로 변해 가고 꽃봉오리에선 약간 붉은 빛을 띠고 있는 이건 청괴불나무라 해야 맞겠다.

꽃은 인동덩굴과 비슷하지 않은가. 맞다. 인동과 인동속에 속한 낙엽활엽관목이니 당연한 일이다. ↑

몇 년 전, 설악에서 담은 청괴불나무 열매다.

눈, 코, 입이 오밀조밀 몰려 있는 듯 재미난 모양새에, 한 몸인 듯 두 개가 붙은 열매, 열매자루 없이 바짝 나는 것도 독특함이다. ↑

공룡능선의 최고봉인 1275봉 그 위엄은 하늘을 찌를 듯하다. ↑
엄청 날카롭고 뾰족하게만 보이던 것이 막상 건너가 보면 그리 유순하고 옆집 누이처럼 포근해 보일 수가 없다. 사람도 그런가 보다. 꼭 보여지는 그 모습만이 전부는 아니라는 거.

효빈길은 내서다

남근석 닮은 바위를 옆에 끼고 저기 1275봉으로 오른다. ↑
이쯤부터는 힘이 많이 빠지는지라 올라가다 말다 곡소리 새어 나온다. 힘들다 느끼는 첫 번째 관문일지도 모른다. 물론 1275봉 넘어서면 또 몇 차례 그런 고비를 맞겠지만 말이다.
나는 이 길을 오를 때마다 앙코르와트 대사원 같다 느끼곤 한다. 인위적으로 만들어진 게 아닌 수많은 시간들에 쌓이고 쌓인 대자연이 만든 유적 같은 길. 풍화작용으로 켜켜이 층이 생긴 그곳으론 돌단풍이 가득 들어찼다.

온 길 뒤돌아보니 와우~
하늘로 치켜든 실한 바위도, 이글거리는 하늘도 너무 근사하지 않은가. 대청을 내려와 공룡의 등줄기를 거닐고 있는 것이다. ↑

효빈,길을 나서다~

　앞에 걷던 어느 분 거친 숨소리가 걱정될 만큼 힘들어하는 모습을 보며 1275봉 안부에 오른다. 반대편에서 봤을 땐 그리도 뾰족하고 날카롭기만 하더니 넘어와서 보는 1275봉은 이리도 포근할 수가 없다. ↑
1275봉에 서면 차곡차곡 쌓은 듯한 이 바위 작품에 늘 감탄에 마지않곤 한다. 아무것도 아닌 것 같은 이 묵직한 바윗덩어리 하나와 파란 하늘. 그 이상 무엇이 더 필요하단 말인가. 이 자체가 아름다움이고 작품인 것을.
마치 태초의 어느 장인이 하나하나 새겨 넣은 듯 온갖 삼라만상과 극에 달하는 조형미까지 가득 담겼으니 어느 어설픈 작품전 그런 거에 비하기나 하겠느냐구요. 굳이 오르자 한다면 1275봉 저 꼭대기까진 루트가 있어 조심만 한다면 올라볼 수도 있지만 내려설 때 위험할 수 있어 그닥 많이들 오르진 않는다. 저 파랗다 못해 내 영혼마저 빼앗아 갈 것 같은 하늘에 넋을 놓고 바라본다.

늘어나는 미세먼지에 질릴 대로 질린 이번 봄, 미세먼지 없는 날엔 강한 햇살에 오존까지 더해지니 깨끗한 하늘 보는 게 왜 그리도 힘든 세상이 되었던지. 예전엔 어디 미세먼지란 말이 와닿기나 했었던가. 그저 중국 나라 이야기인 줄로만 알았다.

미세먼지며 오존 그런 거 그게 어느 나라 얘기여. 여기 설악은 듣도 보도 못한 소리라며 이 청정함을 보여 주고 있었다.

코끼리 코부터 시작해 코끼리 한 마리가 기다랗게 누워 있는 것 같은 큰새봉과 나한봉 그리고 저 뾰족이들 속을 돌고 돌아 우측 마등령으로 간다. ↑

1275봉을 넘을 때마다 늘 쉬어 가는 바위다. (다른 해에 찍은 사진이다.) ↑
입을 쩍 벌린 악어라고만 생각했는데 기분 탓일까 오늘 보니 사뿐히 나비 한 마리 앉아 있는 것만 같네. 남은 식량의 4분의 1인 사탕 하나 까먹고 다시 길을 나서 본다. 이제야 기껏 공룡의 절반 정도 온 것이다.

자연이 만들어 낸 기적 같은 예술품들. 공룡을 걷는 맛이다. 천연기념물로 지정된 설악산은 허투루 불리는 게 아니었다. 다른 부연설명도 필요 없다. 그저 설악이란 이름 하나면 된다.

 아~ 깨끗도 하다. 하나의 기암이 이어진 듯 1275봉에서부터 흘러내린 널 따란 바위는 고릴라가 엉덩이 쭉 빼고 엎드린 모습 같기도 하고, 믿음직스런 어느 이의 등판을 보는 것도 같다. ↑

끝났겠지 싶은 순간 또다시 이어지는 밧줄 오르막. 이젠 정말 힘에 부쳐온다. 이제는 끝났을까~ 또 하나의 봉우리를 올라서 뒤돌아보니 소나무 사이로 뾰족 화채봉과 그 아래 범봉능선과 우측으로는 지나온 공룡길이 보인다. ↑

그 길에 이 이쁜이 없었으면 나 어쩔 뻔했대요.
이 쬐끄미도 바위틈에서 굳건히 꽃을 피우는데, 덩치도 산만 한 내가 엄살 피워서 되겠느냐구요.
아구구~ 그려요. 힘내서 다시 가 보자구요. 산솜다리다. ↑

산가막살나무와 산꿩의다리도 며칠이면 꽃을 피우겠고~ ↑

눈개승마와 털개회나무도 제철을 맞았다. 털개회나무는 묵은 가지에서 꽃을 피우고 일반적으로 꽃차례가 똑바로 서지 않고 옆으로 기우는 것이 많고 꽃개회나무는 털개회나무에 비해 잎이 크고 두껍고 전체가 똑바로 서는 편이고 새 가지에서 꽃이 핀다. ↑

딱총나무도 이제 서서히 열매로 변해 가고 있다. ↑

설악산 포스팅을 하면서 가장 힘든 것은 사진을 줄이고 줄여도 채 10분의 1도 올리지 못한다는 점이다. 더군다나 컴퓨터로 보는 사진이 아닌 책으로 엮다 보니 사이즈를 아주 작게 줄여야 했고 어쩔 수 없는 일이긴 하지만 선명도도 많이 떨어지니 아쉬움이 크다.

이리 생겼어도 꽃이랍니다. 검은 꽃봉오리가 마치 요강을 닮았다 하여 이름 붙여진 요강나물이다. 검은 게 꽃이고 구둣솔 같은 게 열매로 변하는 모습이다. 요강나물은 서 있는 종덩굴이라 해서 선종덩굴이라 부르기도 하는데, 비슷한 검종덩굴은 덩굴손이 있어 덩굴처럼 뻗어 나가는 차이점이 있다. ↑

어린 순일 때 알아보기 쉬운 다릅나무와 꽃은 배꽃을 닮고 열매는 팥을 닮아 이름 붙여진 팥배나무다. 다릅나무는 다 자라면 아까시나무를 닮았다. 약재로도 쓰이지만 나무 문양이 자연스럽고 예뻐서 목공예로 인기가 좋다. 목공 재료로 잘라 팔기도 하고, 공방에서도 다릅나무만을 이용해 도마며 소품 만드는 걸 본 적이 있다. ↑

붉은병꽃나무가 자주 보인다. 더 자세히는 소영도리나무인지도 모르겠다. 붉은 꽃이 피지만 꽃받침잎이 불규칙적으로 갈라지는 것은 병꽃나무속의 소영도리나무라 따로이 구별해 이름하고 있다. ↑

　오후 5시 10분쯤. 그렇게 마등령에 도착하니 산 그림자가 길게 드리워졌다. 이제 하산만 남았다 생각하니 여유도 생겼고 시간도 그리 늦지 않은 것 같으니 좀 쉬어 가자. 앞뒤로 걷던 1인객들이 오지 않으니 걱정이 되는 마음도 있다. 많이 힘들어 보이던 한 분은 괜찮으신 건지. 어차피 산행은 누구도 대신해 주지 못할 자신과의 싸움일 뿐이었다.
　가운데 뒤로 대청봉 중청에서부터 날 선 고양이의 털 같은 저 뾰족이들을 넘고 돌아 막막해 보이기도 하는 그 공룡의 끝에 섰다. ↑

효빈,길을 나서다~

그 속을 거닐며 느꼈던 충만함에 미소가 번지는 시간이 된 것이다. 매년 한두 번은 꼭 공룡을 넘었다는 사실도 새삼 대견해 보이기도 했다. 그림자가 반이네. 누구의 것이래. 왼쪽에 솟은 세존봉과 그 아래 금강굴과 비선대 방향으로 하산 시작한다. 감사 인사가 절로 나올 만큼 깨끗한 날이었다. 저 수평선 어디메쯤 뛰어오르는 고래 한 마리 아니 보이는가~

깨끗한 순백의 물참대가 채워가는 숲. ↑
물참대와 말발도리는 꽃이며 잎, 수피 모두 참 많이도 닮아 혼동하기 쉽다.

이것은 경기 북부에서 만났던 말발도리다. 어떤가? 구별이 되는가. ↑

다른 차이점들도 있지만 일단 말발도리는 수술이 사각형 모양이고 암술이 세 가닥으로 얕게 갈라진다면 물참대 수술은 삼각 모양에 암술이 세 가닥으로 깊게 갈라진다. 말발도리의 꽃 속은 진노랑색이라면 물참대 꽃 속은 연노랑이나 연록이란 차이점이 있다. 물참대와 말발도리 모두 범의귀과 말발도리속에 속한다.

꽃 안쪽을 가만히 들여다보면 암술과 수술의 모양새가 신비롭기 이를 데 없다.

큰 꽃송이가 탐스러운 함박꽃나무는 함박웃음처럼 어찌나 풍성한지 주변이 다 환해지는 기분이다. 산에 피는 목련이라 해서 산목련이라고도 불리는 목련과의 낙엽소교목으로 북한에선 목란이라 부르고 현재 국화로 지정되어 있다.

시들어 가는 아이마저 전통 염색을 물들인 것처럼 새로운 꽃이 되었다. ↑

비선대로의 하산길~ 잘 있었당가요. ↑

내가 몇 년 전 처음엔 미어캣바위라 이름 지어 줬었다. 그러다가 외계인바위. 작년엔 개코원숭이라 불러줬었다. 이 아이가 조금씩 변하는 건지, 내 눈이 달라지는 건지, 그날의 마음이 달라서인지 어쨌든 다시 만날 날의 새로운 모습도 기대할께욤.

금강산 일만이천봉이 부러울 것인가. 설악산(^^) 찾아가자 일만이천봉~ 볼수록 아름답고 신비하구나~♪

이 감동과 뷰가 사진으로 다 전해지지 못함이 안타까울 뿐이다. 어딘가에선 산수화에 능한 화가님들, 〈진경산수화〉며 〈몽유도원도〉에 버금갈 후세에 전해질 멋진 그림 남기고 계시리라 믿어 본다. 사진과 그림, 그리고 글로써 이 모든 설악이 남겨지길 바라본다.

수려한 기암 전시장을 품고 하산하는 길, 이쯤 되면 콧노래 한방 흘러나오지 않을 수 없겠다. 에헤라디야~ 어절씨구~ 어찌나 기분이 좋은지 온갖 후렴구와 무슨 노래인지 알 수 없는 외계어 자작시 하나 읊어주시니 주체하지 못할 만큼의 감정의 동요가 무섭기까지 하다. 졸졸 청아한 계곡물 소리 들리는 비선대에 내려서니 조금씩 어둑해지기 시작했다.

버스를 기다리며 밤이 시작되고 있는 설악동을 서성거려 본다.

내일 아침이면 또 얼마나 장관이 연출되고 있을지, 저 깊숙이 스며들고 있는 안개구름의 소리 없는 움직임들에 내 몸마저 스멀스멀 매만져지는 것만 같다. 황홀함이 밀려온다.

설악동(소공원) 버스정류장에서 7시 30분 버스를 타고 속초로 가서 8시 차로 서울에 돌아올 수 있었다. 시내버스는 7번과 7-1번이 속초고속버스터미널과 시외버스터미널을 10여 분 간격으로 수시 운행 중이라 교통편 걱정은 하지 않아도 된다. 중간중간 포기하고 싶을 만큼 힘든 순간도 있었고 잘 마칠 수 있을지 나 자신을 의심하기도 했다. 세상에 거저 주어지는 기쁨은 없었다.

힘든 여정에 마침표를 찍는 순간 가장 큰 희열이 되어 돌아왔다. 더 이상 어떠한 미사여구로도 표현치 못할 명산 설악산이었다.

효빈, 길을 나서다
설악산의 사계와 야생화

02
서북능선의 7월

매주 한 번씩은 전국으로 떠나고 있지만 어느 곳을 다녀와도 무엇을 하여도 다 채워지지 않는 허함은 어쩔 수가 없다. 이야기 끝엔 늘 설악으로 연결되니 그 마음을 누르지 못하겠다. 그래 가고자 할 때 원 없이 떠나 보자.

동서울에서 아침 6시 30분 차를 타고 9시가 다 되어 한계령에 도착한다. 그렇게도 맑던 하늘은 한계령을 넘어오니 비라도 쏟아질 듯 흐려진다. 어디 변화무쌍한 설악의 날씨 오늘서야 알았겠느냐만 그래도 부디 많은 비는 뿌리지 않았으면 좋겠다.

한때는 나에게도 한계령이란 산행이 아닌 그저 차를 타고 지나다 잠시 멈춰 둘러보는 곳이었다. 그런 한계령이 이젠 그냥 지나칠 수 없는 크나큰 유혹이 된 것이다. 사계절 똑같은 풍경을 보고 또 봐도 설악은 왜 그리 질리지도 물리지도 않던지 오늘도 마치 이 길에 처음 서는 사람처럼 벅찬 마음으로 산행을 시작한다.

　사실은 2주 전에도 이 길을 오르고 있었다.
왕복 두 번, 무려 같은 길을 네 번을 오르내렸으니 몇 년 동안 수없이 오르고 거닐었던 설악이 나에게 좌절을 준 첫 번째 날이었던 것이다. 그날도 한계령에 도착하니 맑던 하늘엔 비가 내리고 안개마저 어찌나 자욱한지 저 구불구불 오색으로 가는 길마저도 보이지 않았다. 어디 비바람에 날씨 궂고 험한 날 하루 이틀 만나 봤겠느냐만 그 조금의 보슬비와 안개에 위축되었던 것인지 아님 헛생각으로 방심을 한 것인지 발을 삐끗해 무리겠다 싶어 아쉬운 마음을 뒤로하고 한계령휴게소로 내려서니 웬걸 하늘이 걷히고 다시 오르고픈 마음도 꿈틀거렸다.

미친 짓이지만 또다시 올랐다.

힘겹게 한계령삼거리로 오르니 발은 퉁퉁 부어오르고 결국 통증이 심해지고서야 완전 포기하고 내려올 수 있었으니 때로는 포기도 용기란 걸 잊고 있었나 보다. 그렇게 다시 한계령휴게소로 하산하니 블로그를 통해 얼굴을 알아보신 산우님께서 사 주신 아이스 아메리카노 한 잔은 시원하고 고소함을 넘어 잠시나마 통증을 잊게 해 주는 진통제가 되어 있었다.

님~ 반가웠고 감사했답니다.

저 산은 내게 잊으라 잊어버리라 하고
내 가슴을 쓸어내리네~
아 그러나 한 줄기 바람처럼 살다 가고파
…
…

– 〈한계령〉, 작사 정덕수, 작곡 하덕규, 가수 양희은 –

언제 들어도 가슴 먹먹함이 있는 〈한계령〉이란 노래다. 삶에 지칠 때 이 노래는 떠나오게 만드는 원동력이 되어 주고 지친 어깨를 토닥이며 다시금 힘을 내라~ 위로해 주는 것만 같았다.

7월, 10여 일 만에 이 길을 세 번째 오르는 꼴이 되었다. 행여 그날의 기억으로 오름길이 너무 힘겹게 느껴질까 징크스라도 생겨 다시는 한계령길을 오르지 못할까, 나서는 길이 조금은 두렵기도 했다. 세상에 태어나 오늘이 처음인 것처럼 올라 보자.

쥐털이슬과 박새다. 한계령삼거리로 가는 길엔 박새가 지천으로 피었다가 이제는 끝물로 접어들었다. 아주 작은 꽃, 쥐털이슬은 접사렌즈가 아닌 이상 이게 최선이다.

줄기에 미세한 털이 있으면 쥐털이슬에서 분류한 개털이슬로 본다지만 내 눈으로도 카메라에도 잡히질 않으니 일단은 쥐털이슬로 해 두자. ↑

　　둘의 차이점을 느낄 수 있겠는가. ↑

　참 말도 많고 탈도 많은 조팝나무속이 아닐 수 없다. 야생화 좀 안다는 고수들마저 조팝나무속의 참조팝나무, 좀조팝나무, 덤불조팝나무에 대해서는 이랬다저랬다. 몇 년 전까지는 참조팝인지 좀조팝인지에 대해 분분하더니만 이제 좀조팝나무 분류에 이의를 가지신 분들이 많은 것 같아 좀조팝나무는 일단 배제하는 분위기가 많다.

　예전엔 줄기 색, 꽃 색, 잎의 톱니 등등으로 구별한다고들 했지만 워낙 꽃 색이나 잎의 톱니 털의 유무 등에 변이가 많으니 이젠 줄기의 능각 유무에 따라 참조팝인지 덤불조팝나무인지를 구별하고 있다. 줄기에 능각(능선)이 없이 둥글기만 하면 참조팝나무, 줄기에 각이 진 능각이 있으면 덤불조팝나무. 굳이 이렇게 모호한 구별을 해야 하는 것인지 알 수가 없다. 나같이 무지몽매한 중생을 위해 그냥 통합시켜 주심 아니된당가요. 어쨌든 능각 그 기준대로라면 귀때기청봉 오름길엔 덤불조팝나무가 더 많이 보였다.

　현삼과 며느리밥풀속은 의외로 구별하기 까다로운 집안이다. ↑
포엽이나 잎, 털의 유무 등으로 이름이 달라지니 꽃 색으로만 구별하는 건 위험한 발상이기도 하지만 그래도 새며느리밥풀은 온통 홍자색이라 그나마 구별이 쉬운 편이다. 올여름 첫 만남인 새며느리밥풀 위로 들어차는 빛이 더욱 황홀하게 느껴진다. 언제는 비 오는 날이 좋다며 호들갑을 떨어대다가도 궂은 날이 길어지니 화창한 날이 그리웠음이다. 인간이 간사하기가 며칠을 넘기질 못한다.

꽃과 열매가 교차되는 시기. 높은 산에서 만날 수 있는 세잎종덩굴이다. ↑
세잎종덩굴은 오늘 산행 중 가장 많이 만나는 식물 중 하나가 될 것이다.
붉은 것이 꽃이고 그 위로 머리 산발한 듯한 모습이 열매다.

02. 서북능선의 7월

줄기와 잎자루에 가시(샘털)가 가득한 이것은 무엇으로 보이는가. 이름은 멍석딸기와 비슷하고 털이 많은 것은 곰딸기와 비슷한 멍덕딸기다. 흔히 만날 수 있는 멍석딸기 곰딸기와 달리 멍덕딸기는 북방계식물로 주로 강원도 깊은 산중에서 만날 수 있다. ↑

이제 꽃을 피우려는 눈빛승마와 흰 꽃을 피운 산꿩의다리도 한창이다. 미

나리아재비과 꿩의다리속에는 아무 수식 붙지 않는 꿩의다리부터 은꿩의다리, 자주꿩의다리, 연잎꿩의다리, 금꿩의다리, 좀꿩의다리 등이 있다. ↑

노란 꽃의 대명사 금마타리와 돌양지꽃, 아래는 기린초와 큰뱀무다. ↑

 늘 그 자리에 있던 바위 하나가 오늘은 아가리 벌리고 먹잇감을 노리는 괴수처럼도 느껴졌다. 동굴인 척 위장을 하였지만 한 번 들어가면 나올 수 없는 파리지옥은 아닐지 문득 이 모습을 보고 세계적으로 관심을 끌었던 태국의 그 소년들이 생각났다.
 10일 아니 단 몇 시간 동안이라도 좁은 공간에 갇혀 오도 가도 못 하는 그런 상황이었다면 과연 나는 그렇게 태연할 수 있었을지. 극도의 공포와 두려움, 굶주림 속에서 처음 만난 그 소년들은 차라리 평온함이었다. 수도승 생활로 단련되었다 하여도 코치 그도 어리기는 마찬가지. 정신이란 육체를 압도한다는 걸 다시 한번 느끼는 날이었다. 화창하게 개이진 않았지만 오늘의 설악 날씨가 차분한 그들을 보는 것만 같다.

　그렇게 한계령삼거리를 지나 본격적으로 귀때기청봉 너덜에 접어든다. 진절머리 난다는 너덜이 그리 만만하진 않지만 미끄러운 바위가 아니라서 오를 만한 데다 언제나 끝은 있기 마련, 잠시 뒤면 저 귀때기청봉에 올라 손을 흔들고 있을 것이다.
게다가 설악이 한눈에 펼쳐지니 몸은 그저 거들 뿐.

오른쪽 한계령 방향에서 위로 끝청과 중청 대청봉으로 서북능선이 이어지고 가운데 중청에선 좌측 소청으로, 소청에선 다시 공룡능선과 천불동 방향 그리고 용아장성과 봉정암으로 설악의 그 기운을 뻗쳐 간다. ↑

효빈,길을 나서다~

　보고 또 봐도 언제나 마음이 먼저 와 있는 곳.
공룡능선과 용아릉의 온갖 기암들이 모이고 모여 한 폭의 기암전시장을 만들어 내었다. 가운데가 공룡의 최고봉인 1275봉이다. 뾰족하고 날카롭게만 보이던 것이 다른 각도에서 보면 너부데데한 것이 제법이나 복스럽게도 생겼다. 사람도 그러할 것이다. 같은 모습만이 존재할 거란 선입견이 문제일 뿐 겉으론 다 드러나지 않았던 진면목이 있을 수 있다는 걸. ↑

 공룡능선은 1275봉을 지나고 가운데서 왼쪽 뾰족 마등봉을 지나고 왼쪽 뒤로 역시나 너덜이 악소리 나는 황철봉으로 백두대간을 이어 가는 것이다. 나는 오히려 황철봉 너덜겅이 이곳의 너덜보다 걷기 편하다 느꼈던 것 같다.

바위 크기가 여기보다 조금 더 컸던 거 같고 새벽 밤하늘의 별빛이 어찌나 초롱거리던지 그 순간의 멈춤 같은 기억 덕분인지 황철봉은 좋은 이미지들만을 가지고 있다. ↑

너덜길의 난쟁이바위솔도 반갑고, 꽃이 진 뒤의 애기괭이밥도 새롭다. ↑
애기괭이밥은 그 여린 잎이었나 싶을 만큼 잎이 억세 보이는데 꽃이 피었을 땐 모든 영양분을 그 꽃에게 내어 주다가 이제야 잎만을 위한 시간이 된 것이다. 괭이밥이나 큰괭이밥과 달리 애기괭이밥은 주로 높은 산 숲속에서 자란다.

장마는 끝났다지만 변화무쌍한 설악의 날씨는 예보도 비껴가기 일쑤. 다른 지역엔 폭염 특보가 내리고 햇살이 강렬하다 하였지만 이곳은 설악이 아니던가. 한두 방울 비가 떨어지기도 하지만 이 정도 조망만 트여 준다면 더 이상 바랄 것도 없겠다. 흐린 날이지만 참 멋스러운 설악이 아닌가. 수묵담채화를 펼쳐낸 듯 저리도 고풍스러울 수가 없다.

왼쪽의 뾰족뾰족한 가리봉 주걱봉과 오른쪽은 뾰족 안산과 오늘 가야 할 대승령 방향이다. 가리봉 주걱봉 안산 모두 비탐방으로 지정된 곳들이다. ↑

최대 자생지라 말하고 싶을 만큼 귀때기청봉 주변엔 꽃개회나무가 풍년이다. ↑

분비나무도 언제나처럼 그 자리에 있어 준다. ↑

구상나무 분포지는 한라산에서 덕유산까지, 분비나무는 중부 이북에서 자생한다고 알려져 있다. 분비나무는 구상나무보다 잎 폭이 좁고 가늘고 실편(열매조각) 침상돌기가 위를 향하면 분비나무, 뒤로 젖혀지면 구상나무로 구별한다.

　중국에서는 백두산 일대에서만 분포하고 설악산, 태백산, 경기도 화악산 등의 높은 바위 주변에 서식하고 있는 눈측백이다. ↑
눈측백은 희귀식물 취약종으로 분류 관리하고 있으니 앞으로도 이 바위산에 잘 적응해 오래도록 남아 주길 바란다. 서북능선의 눈측백, 분비나무, 눈향나무만 알아봐도 이 길을 걷는 즐거움은 배가 될 것이다. 눈향나무는 이따 귀때기청봉을 넘어서면서 보이기 시작했다.

아구~ 먹음직스럽기도 하다. 오늘도 맛을 보고 가야 할랑가 보다. ↑
엷은 노란색 꽃이 어느새 분칠한 자주색 열매를 맺었다. 귀때기청봉 주변으로 희귀식물이고 특산식물인 댕댕이나무가 가득하다. 한라산과 설악산 이북의 높은 산에 자라는 북방계 식물인 댕댕이나무는 역시나 설악에 와서야 만날 수 있는 기쁨을 준다.

한입 따서 맛을 보면 시큼하지만 자연의 맛이 느껴진다. 하니베리라 해서 요즘은 농가에서 팔기도 하고 키우기도 하는데, 이 아고산의 환경과 청정한 공기에 어디 비교가 될까 모르겠다.
넓은잎댕댕이로 보는 견해들도 있다.

귀때기청봉(1,578m)에 오른다. ↑

어느 산에는 지나치게 많은 정상석들 때문에 산이 어지럽다 느끼는 곳들도 있다. 그에 비하면 설악은 얼마나 수수하던가. 오로지 대청봉에만 그 이름을 깊게 새겨 놓았을 뿐 서북능선의 맹주 귀때귀청마저도 이름 없고 드나드는 이 없는 봉우리처럼 그저 이정표 하나가 전부이니 어떤 이는 너무 방치한다고도 하고 어떤 이는 이래서 설악이 좋다고도 한다. 아무래도 좋다.

이렇게 다양하고 귀한 보물들을 가득 품고 있는 귀때기청봉이니 이런들 어떠하고 저런들 어떠하겠는가. 그저 이곳에 오를 수 있다는 것만으로도 감사할 일이 아닐 수 없다. 설악 어딘들 그렇지 않겠느냐만 봄여름가을 귀때기청봉을 위시로 한 서북능선은 그야말로 북방계 희귀식물의 종합선물세트 같은 곳이라 말하고 싶다.

　귀때기청봉엔 언제나처럼 잎도 나무 크기도 작은 사스래나무와 신기하게 생긴 홍괴불나무가 자라고 있다. 몇 년째 같은 자리를 찾고 또 찾으니 어렵던 식생들도 이제야 나에게로 오는 것만 같다. 그것이 큰 보람이 되어 준다. 복잡 다양하고 그게 그거 같은 괴불나무 종류들. 홍괴불나무는 잎 뒷면 주맥에 털이 있고, 잎 뒷면 주맥 양쪽에만 흰털이 있음 흰등괴불나무, 잎 면 전체에 털이 밀생하면 흰괴불나무라 하는데 세 괴불나무가 꽃도 모두 홍색(자주색)이라 더욱이나 구별이 쉽지 않다.

　귀때기청봉의 이 괴불나무는 홍괴불나무로 알려져 있는데, 흰등괴불나무와의 차이점에 대해 매년 이곳을 지나며 어려운 숙제를 품게 된다. 홍괴불나무는 두 개의 열매가 중앙 이상까지 합쳐지는 특징이 있다. ↑

백당나무와 그 이름처럼 잎이 상당히 큰 도깨비부채다. ↑

마지막으로 공룡능선과 대청 중청도 한 번 더 담아 보고 가자. ↑
우측 중청봉 왼쪽 뒤로 뾰족 올라온 건 화채봉이겠다. 소청대피소 봉정암도
눈 크게 뜨고 찾아보기. 8월엔 백담사에서 올라 볼거나~ 대청봉 주변으로
바람꽃이 지천으로 피어 있을 것이다.

매자나무과의 매발톱나무와 붉게 익어 갈 마가목도 보인다. ↑
비슷한 매자나무 열매는 매발톱나무처럼 긴 타원형이 아닌 둥그런 난상구형이다.

귀하신 희귀식물이자 한국특산식물인 흰인가목이다. ↑
(각각 다른 해에 담은 꽃과 열매다. 비슷한 날짜에 찾았지만 어느 해엔 꽃이 일찍 지고, 어느 해는 늦게까지도 피어 있었다.) 흰인가목은 인가목보다 꽃과 열매가 작고 설악산이나 고산 너덜지대를 좋아하는 특징을 가지고 있다.

설악은 그야말로 한국특산식물의 보고이고 설악에서만 만날 수 있는 희귀 식물의 집합체인 것이다. 이 얼마나 뿌듯한 일이던가.

이게 그냥 인가목이다.
흰인가목보다 꽃도 잎도 큼직한 게 느껴질 것이다. ↑

이르게 열매를 맺은 백합과의 나도옥잠화와 매자나무과의 꿩의다리아 재비다. ↑

고산에서 드물게 자라는 나도옥잠화 역시 희귀식물 취약종에 이름을 올리고 있다. 나도옥잠화 열매도 아름답지만 나는 늘 꿩의다리아재비가 익어 갈 때면 그 청보랏빛 색감에 반하곤 한다. 식물 이름 중엔 나도, 너도, 아재비, 개, 참 등 원래의 것과 비슷하거나 못하거나 낫거나 진짜라는 의미로 다양한 접두사나 접미사가 붙는 이름이 많다.

나도개감채, 나도바람꽃, 너도바람꽃, 미나리아재비, 별꽃아재비, 개쑥부쟁이, 개망초, 참꽃, 참바위취 등등… 꿩의다리아재비와 꿩의다리는 꽃과 열매가 전혀 다르게 생겼고 꿩의다리는 미나리아재비과에 속하고, 꿩의다리아재비는 매자나무과에 속한다. 자줏빛 줄기에 난 마디가 꿩의 다리를 연상시켜 붙여진 이름이다.

노루오줌과 범꼬리. ↑
노루오줌은 숙은노루오줌, 흰숙은노루오줌 등으로 구별한다.

아래쪽으로 돌려나기 하는 잎 때문에 얼핏 비슷하게도 느껴질 것이다. 말나리와 삿갓나물이다. 말나리는 돌려나기 하는 아래의 잎이 6~12장, 그 이상도 달린다. 삿갓나물은 6~8개 정도의 잎이 돌려나기 하고 잎의 3맥이 뚜렷하고. 그러나 꽃이 피기 전까진 혼동스러울 수 있다. ↑

석송과의 다람쥐꼬리나 뱀톱과도 닮은 개석송이 가득하다. ↑

효빈,길을 나서다~

뒤돌아 본 귀때기청봉의 너덜은 당장이라도 아래로 흘러내릴것만 같다.
그러나 자연이 내 마음 변덕부리듯 그리 쉬 변하고 쉬 달라지진 않았다.
일희일비하지 않은 사람만큼 듬직한 사람도 없음이다.

    길이 다 환해졌다.

이제부턴 온통 귀한 식생들과 바람꽃이 지천으로 피어난다.

해마다 같은 자릴 거닐고, 같은 꽃을 보고, 같은 설명을 덧붙임에도 지루함 이란 찾아볼 수가 없다. 설악의 힘이다. 설악이니 가능한 얘기일 뿐이다.

이른 봄부터 많은 바람꽃 종류들이 피고 지고를 반복한 뒤 드디어 설악산에서 원조 바람꽃이 피어난다. 채 눈이 녹기 전부터 변산바람꽃을 시작으로 꿩의바람꽃, 너도바람꽃, 만주바람꽃, 남바람꽃, 나도바람꽃, 들바람꽃, 홀아비바람꽃, 회리바람꽃, 숲바람꽃, 태백바람꽃 등등….
다른 바람꽃들이 피고 지는 걸 모두 지켜본 뒤 귀여운 쨔슥들~ 하면서 말이다. 미나리아재비과 바람꽃은 한국특산식물이고 희귀식물로 지정되어 있다. 설악산 고산지대에서야 흔하게 볼 수 있는 꽃이지만 다른 곳에선 만날 수 없는 설악의 트레이드마크라 해도 되겠다. 설악의 강한 바람과 기후에도 맞설 수 있을 만큼 강인하게 자라난 것이다. 이른 봄에 피었다 지는 다른 바람꽃과 달리 여름에 피어나는 설악의 바람꽃은 그래서 더 특별한 아이인지도 모른다. 이제부터 설악은 온통 바람꽃이 수놓아 가고 있다. ↑

개쑥부쟁이도 벌써 한 녀석 개화를 하였고 색감도 모양도 어쩜 이리 어여쁘던지 입술 쭉~ 키스를 해 줘야 할 것 같은 병조희풀도 활짝 깨어났다. ↑

백색가루를 듬뿍 묻힌 모양새가 여간 사랑스러운 게 아니다. ↑
주로 중북부 고산에서 자생하는 국화과의 여러해살이풀 희귀식물인 왜솜다리다. 왜솜다리의 왜는 솜다리에 비해 꽃의 크기가 작다 해서 붙여졌고 솜다리(산솜다리)에 비해 솜털도 덜한 편이다.

왜솜다리도 높은 곳에서 자라긴 하지만 솜다리에 비하면 조금 더 낮은 곳, 좀 더 남쪽으로 서식지를 적응해 왔기 때문일 것이다. 그래서 왜솜다리는 키는 크지만 줄기는 가늘고, 산솜다리는 서식지가 설악에 국한되어 있으니 추위에 적응하려 키는 낮추고 솜털로 중무장을 하였을 것이다.

우리도 그러지 않는가. 똑같은 설악이라도 중청 대청 올라갈 때는 기온이 낮고 바람이 강하니 보온 유지를 위해 더 신경 써야 하듯 말이다.

내 눈엔 산솜다리가 풍만하고 둥글고 여성적인 느낌이라면 왜솜다리는 잎도 길쭉하고 뾰족하고 시크한 느낌으로 보였다. 학창시절, 남자보다는 같은 여자에게 인기가 더 있을 것 같은 중성적인 매력의 소유자처럼 말이다.

산솜다리는 주로 공룡능선 그리고 서북능선에도 자생하지만 왜솜다리는 서북능선에 몇 개체 보일 뿐 오히려 설악산에선 왜솜다리 보기가 더 어려워진 듯하다. 높이 올라야 볼 수 있는 왜솜다리가 평창의 한 나지막한 곳에 아무렇지도 않게 잘 자라고 있어 관심 있는 사람들의 주목을 받고 있는 계곡이 있다. 그곳엔 솔체꽃이며 물매화, 병아리풀, 그리고 백부자까지… 어떤 기후와 환경이 쉬 만날 수 없는 이런 식생들을 자랄 수 있게 만들었는지 전문가들의 연구가 더 필요하겠다 느낀 곳이기도 했다.

산쥐손이 ↱

산쥐손이도 이제 제철이 시작되었다.
산쥐손이는 둥근이질풀과 비슷하지만 둥근이질풀보다 꽃이 작고 잎이 깊게 갈라지는데 둥근이질풀이 피어날 때 비교해 보면 차이가 느껴질 것이다. 주로 높은 산 능선부로 자생하는지라 보통 땐 쉬 접할 수 없는 산쥐손이도 설악에 오면 만날 수 있는 아이다.

줄기가 땅 위를 기면서 자라는 누운 향나무란 뜻의 눈향나무다. ↑
희귀식물 위기종으로 관리되고 있는 상록관목이다.
귀때기청봉에서 한계령삼거리 방향으론 눈측백나무가 많았다면 대승령 방향으로는 눈향나무가 자생한다는 걸 확인할 수가 있고 한라산과 지리산, 설악산과 태백산 등 고산의 바위지대에서 서식하고 있다.

　네잎갈퀴나물보다 잎과 꽃이 크다 하여 설악산 일대의 네잎갈퀴나물을 큰네잎갈퀴라 따로이 칭한다. 이름들도 어찌 이리 복잡하게 지어 놨는지. 꼭두서니과의 네잎갈퀴 종류들이 있는데 네잎갈퀴나물과 큰네잎갈퀴라니 원~ 어쨌든 이건 꼭두서니과가 아닌 콩과의 큰네잎갈퀴다. ↑

　야생화가 지천인 1408봉에 올라 지나온 길 뒤돌아보니 왼쪽 귀때기청봉과 우측 뒤로 점봉산도 희미하게 보인다. ↑

건너편의 가리봉과 주걱봉 삼형제봉도 산행 내내 함께한다. ↑

대승령과 안산 방향이다. 왼쪽 뒤 뾰족 봉우리가 안산이다. ↑

녹음으로 우거져 바위 능선을 타는지 잘 모르고 걷지만 길 좋고 잘 정돈된 듯한 암릉을 걷는 것이다. 그 길 속속들이 들여다보면 우뚝 솟은 기암들은 마치 각양각색의 인간사를 보는 것만 같고 듬직한 호위무사 하나가 설악을 지키고 있는 것만 같다. 안전하면서도 스릴이 넘치니 설악은 어디라도 기암 전시장이 되는 것이다.

호위병처럼 서 있는 기암들과 열매로 변해 가는 큰앵초. ↑

 1408봉 주변엔 온갖 귀한 식생들이 가득하다. 희귀식물 위기종인 바위솜나물도 빼놓을 수 없겠다. 마치 솜나물이나 솜방망이와도 헷갈릴 수 있는 이름.
국화과의 솜방망이속 여러해살이풀 바위솜나물은 중부 이북의 고산 바위지대에서 잘 자라난다. 척박한 바위틈에서도 꿋꿋한 바위솜나물을 만나는 것도 이 길의 즐거움이다. ↑

바위솜나물과 곰취. ↑

고급진 산나물 곰취도 노란 꽃을 피워냈다. 시중에 나오는 곰취 중 곤달비가 곰취인 양 하기도 하니 곰취와 곤달비는 그만큼 구별이 쉽지 않다는 얘기일 것이다. 곤달비의 꽃자루는 아주 짧고 곰취의 꽃자루는 상대적으로 긴 편이다.

해마다 같은 자리, 이제 피기 시작한 솔체꽃에서 빛이 뿌려진다. 귀티 좔좔~ 역시 이 시기에 솔체꽃이 빠진다면 앙꼬 없는 찐빵이어라. 청보라. 너무도 유혹적인 색이 아닐 수 없다.

화서(가지)를 치지 않고 근생엽(뿌리잎)이 꽃이 필 때까지 살아 있음 구름체꽃이라 분류하지만 고산부 황철봉이며 마등봉 공룡능선 등 설악 일대만 해도 근생엽은 살아 있지만 가지를 치는 것과 치지 않는 것이 섞여 있기도 하므로 가지는 무시하고 근생엽이 살아 있는 것을 구름체로 보는 견해들도 있다. 가지를 치지 않으면서 근생엽까지 살아 있는 첫 번째 사진은 완전한 구름체꽃으로 봐도 되겠다. 구름체꽃은 솔체꽃보다 키가 작은 편이다. ←

이건 8월 공룡능선에서 만난 솔체꽃(구름체꽃)이다. ↑
여기 서북능선보다 개체수가 많고 높은 바위 위에 군락으로 핀 모습들이 가히 환상적이다. 여름이면 공룡능선은 바람꽃을 비롯 등대시호와 솔체꽃의 향연에 역시 최고의 능선임을 주저하지 않을 것이다.

아~ 가장 반가운 아이다. ↑

비슷한 시기, 몇 년 같은 길을 걸었지만 꽃 핀 녀석을 처음 보는 것이다. 고산지대 정상부쯤에서나 볼 수 있는 희귀식물 진달래과의 만병초를 만나지만 내 싸구려 카메라에 담기엔 너무 멀다. 사람들 손을 타지 않는 곳에 있어 오히려 생존력이 높아질 테니 더 잘된 일이기도 하다. 맘껏 펼쳐 보라구요. 내 18-55렌즈론 당겨봤자 요거유.

이것은 몇 년 전 8월, 서북능선 끝자락에서 담았던 멸종위기 희귀식물 봉래꼬리풀이다. ↑

우리나라 특산식물인 봉래꼬리풀은 현삼과 여러해살이풀로 봉래는 원래 금강산의 여름 이름으로 처음 금강산에서 발견되어 붙여진 이름이다. 금강산 포함 북쪽으론 그나마 분포지가 많다는데 우리 남한엔 설악 중에서도 한두 군데 자생지가 한정되어 있으니 그 귀함이 더해지는 것이다.

백두대간 미시령~마등령 구간에서 한 번 만난 적이 있었다. 이 외에도 한두 달 전후면 장백제비꽃과 솔나리, 참기생꽃도 만날 수 있을 것이다.

참기생꽃과 솔나리다. ↑

참기생꽃은 6월 초쯤에, 솔나리는 7월 말경에 서북능선을 수놓을 것이다. 둘 다 귀하긴 하지만 솔나리는 그래도 요즘 자생지가 많이 늘어난 반면 참기생꽃은 지리산 일대와 설악산 서북능선, 태백산 등 고산의 일부에서만 관찰되고 있으니 관심 있는 사람들은 그 뽀샤시 하얀 꽃을 보러 피는 시기들을 맞추기도 한다. 기생꽃은 대암산에서만 보고되고 있다.

　기생꽃은 순백색의 꽃잎이 마치 일본 기생의 얼굴에 분을 칠해 마냥 흰 것처럼 보여 붙여진 이름이다. 에구구. 좋은 이름이 그리 없었을까나. 어쨌든 어여쁜 아이들이다.

설악조팝나무다. 사실 아구장나무와의 큰 차이점은 잘 느끼지 못하겠다. ↑ 설악에서 자생하는 아구장나무쯤이라 생각해 두자. 꽃과 열매 맺는 모습이다. 꽃은 5월에 담은 것이다. 아구장나무와 설악조팝나무는 모두 장미과 조팝나무속에 속한다.

희귀식물 자주솜대도 결실을 맺었고 곧 다갈색으로 익어 갈 것이다. ↑ 설악에선 이 모든 걸 어렵지 않게 눈맞춤할 수 있으니 그럴 리야 없겠지만 행여 귀함도 무감각해질까 걱정이다.

벌써 첫 모시대도 청보랏빛 그 색을 드러냈다.
이제 여름의 숲은 이 모시대와 잔대가 화사하게 채워 갈 것이고 주홍빛 동자꽃도 하나둘 피어나기 시작했다. ↑

이젠 갈증 날 때도 되었다. ↑
어찌 알았당가~ 내가 선한 맥주 한잔하고 싶은 걸 말이다. 열매가 익으니 딱 모형 맥주병 그대로다. 병꽃나무다.

아~ 서울 돌아가면 개운하게 샤워하고 시원하다 못해 가슴까지 짜릿해질 맥주 한잔할 테다. 나의 소확행이기도 하다(언젠가부터들 많이 쓰는 소확행이란 '소소하지만 확실한 행복'을 말한다).

쥐다래와 다래나무다. ↑

꽃밥은 황색이고 꽃받침이 붉은색을 띠고, 잎은 흰색이었다 붉게 변하는 쥐다래. 개다래도 잎에 백색 무늬가 생기지만 붉게 변하진 않는다. 이젠 열매로 변해 가고 제 할 일을 다한 잎들도 원래의 색으로 되돌아갈 것이다. 더 이상 에너지를 소비하지 않으려는 자연의 생존능력들이 놀라울 따름이다. 다래나무 수술의 꽃밥은 검은색이라 쥐다래나 개다래에 비해 구별이 쉬운 편이다.

히이잉~ 하면서 입을 털고 있는 말의 앞니를 보는 것만 같다. 희귀식물 자료부족종 토현삼도 이곳에선 만나기 어려운 아이가 아니다. ↑

나비의 날개처럼 잎이 두 장씩인 나비나물과 열매를 아래로 늘어트린 단풍나무과의 부게꽃나무다. ↑

이제 대승령이 지척인데 빗방울이 떨어지기 시작한다. 이 아이들은 촉촉해 좋고 나는 시원해 좋다. 바람에 흔들려 찍기 힘든 여로도 피어나고 있고, 여러모로 쓸모가 많은 피나무도 꽃을 피웠다. 잎이 피나무보다 작고 꽃의 수가 많지 않은 것으로 보아 뽕잎피나무일지도 모르겠다. 피나무의 꽃봉오리 수는 3~20개로 3~4개인 뽕잎피나무보다 많다. ↑

문어발처럼 사방으로 뿌리를 드러낸 주목을 만나니 이제 거의 다 왔구나 싶다. 그렇게 대승령에 올라서니 오락가락하는 날씨에 비는 그쳤지만 안개가 너무 짙어 아무것도 보이지 않는다.

　몇 년 전에 걸어 보니 한계령에서 시작해 대승령 찍고 안산과 십이선녀탕 남교리로의 하산도 당일 대중교통으로 충분히 가능했다. 남교리까지 당일 산행이 가능하다는 것을 안 것은 뚜벅이로서 큰 수확이기도 했다. 오늘은 2주 전 삐끗한 발목도 생각을 하면서 천천히 장수대로 하산하려 한다. 남교리로 간다면 그 수려한 십이선녀탕 폭포들에 압도당할지도 모른다.

십이선녀탕 계곡의 청량한 물빛과 복숭아탕.

오늘은 장수대로 내려간다.
모처럼 대승폭포를 보고자 함이다.
대승령에서 장수대까진 2.7km.

대승폭포다.

옛 시인 묵객들이 대승폭포에 올라 시 한 수씩 읊은 일들은 이상한 일도, 과장된 일도 아니었다. 나에게도 그런 문장력이 있었다면 한자 끄적거렸겠지만 그저 그들의 흔적 따라 그 시절의 감흥에 취해 보는 거로도 족함이 있겠다. 대승폭포의 본래 이름은 한계폭포였다. 지금 한계령이란 지명이 남아 있듯 조선 후기 명승지 유람기엔 한계폭포란 이름으로 많이 남아 있는 것으로 볼 때 조선 후기까진 주로 한계폭포라 불린 것으로 보이고 한계산과 설악산은 다른 명산으로 구별해 인식하였다 한다.

아~ 내 속이 다 시원하다. 십이선녀탕 계곡에는 늘 물이 많은 편이지만 대승폭포에 저만한 물줄기 흐르는 게 도대체 얼마 만인지. 메마른 설악의 깊은 골들 다 적셔주고 나서 이제야 비로소 폭포수 제 모습을 드러내니 기특한 일이 아니던가. 오랜 세월 폭포수에 패이고 어두워진 바위골은 여성의 음부처럼 은밀함을 갖고 있다 느끼곤 한다. 물줄기가 전혀 없이 메말라 있었을 땐 더욱 그러하다 느꼈다. 경이로움 그 자체다.

아래는 대승폭포 오르는 길에 있는 '명승지 유람기' 안내문에 쓰여 있던 조선 말기의 여류시인 금원 김씨의 시이다.

천봉 우뚝 서 하늘 찌르는데
가벼운 안개 걷히니 그림도 그만 못하리.
좋구나, 설악산의 기이한 절경이여
대승폭포가 여러 여산폭포보다 낫네.

– 조선의 여류시인 금원 김씨 –

그래~ 그림이라고 이만이나 할까.
옛사람들은 박연폭포나 중국의 여산폭포를 최고라 여겼다는데 설악에 올라 대승폭포를 접한 뒤 대승폭포가 제일이라 남긴 기록들이 여럿 남아 있다. 금원 김씨에 관해선 하산하며 더 이야기해 보기로 하자.

어디 폭포만이 그러하던가.
거대 폭포를 만들어 내려면 큰 암벽은 기본.
주변의 기암이야말로 대승폭포를 빛내주는 최고의 조력자였던 것이다.
  저 갈기갈기 갈라진 잔근육의 섬세함 좀 보라. 너무 거대하면 두려움이 앞서고 너무 소소하면 초라해 보이거늘 이것도 저것도 흡수할 수 있는 최고의 명작이어라. 어느 바위 하나, 돌멩이 하나 허투루 생겨난 설악이 아니었다. 이런 바위 앞에서라면 인공구조물마저도 아름답게 보이니 설악은 어느 것 하나 버릴 것이 없어라. 계단엔 폭신한 고무 재질을 깔아 두었고 주변엔 소나무와 거대 암벽의 절경이 펼쳐지니 평소 산행을 즐기지 않는 님들이라도 대승폭포까지는 슬슬 잠시 올라 봐도 좋겠다.
박연폭포, 여산폭포가 부러울 것인가.

효빈, 길을 나서다

하산길은 소나무가 아주 볼 만하다. 장수대~대승폭포의 특징은 소나무가 좋고, 옛 시인들의 아름다운 시구들도 진열되어 있어 가다 서다 읽어 보다 이 길의 여운을 즐기기 딱 좋은 곳이다.

이 길을 걸을 때마다 그랬듯, 가장 눈길이 가는 것은 역시나 14세 소녀가 남장을 하고 홑몸으로 설악산을 올랐다는 내용이다.

조선 말기 여류시인인 금원 김씨는 강원도 원주 사람으로 시문과 경전, 역사에도 능통했다 하는데, 27세 때는 시문으로 명성을 떨쳐 여자 사마천이라는 이름을 얻기도 하였다. 그럼에도 불구하고 그 시대 어디 제대로 인정이나 받았을지는 말 안 해도 알 만한 이야기다.

그녀는 남자로 태어나지 못한 것을 한탄하였는데 1830년 3월, 14세 때 남장을 하고 금강산을 비롯한 관동팔경과 설악산을 여행하였다 한다. 모든 게 가능해진 현재를 살고 있지만 여전히 제약적인 것들이 따르는 게 현실. 여자의 몸으로는 나서지 못했던 길, 그 어린 소녀의 가슴에서 이글거렸을 감회가 그대로 전해지는 것만 같다.

남장을 하고서라도 만나고 싶었던 비경들. 이 길을 지날 땐 그 시절 그 소녀의 마음이 되어 일대를 둘러보게 된다. 어디로든 떠날 수 있는 지금의 나는 게으름만 깊어져 조금은 무뎌진 오늘을 살고 있었다.

장마가 끝났다는 데도 변화무쌍한 설악엔 늦게까지 내린 비로 하산길의 작은 개울 졸졸 물소리도 기분 좋은 울림이 되어 준다. 10여 일 전 그 아쉬웠던 마음도 이 물소리에 모두 씻겨 나가는 것만 같다. 쭉쭉 잘 뻗은 소나무길 장수대로 내려와 산행은 마무리가 된다.

7월의 설악은 설악에서만 품을 수 있는 귀한 아고산 식물들로 가득했고 대승폭포의 웅장함은 무더위도 날려 버릴 만큼 장관이었다. 어디를 다녀 봐도, 무엇을 하여도 다 채워지지 않는 부족함이 느껴질 때 그 끝엔 늘 설악이 있었다.

삶의 한 부분에 설악이 있다는 것에 큰 위로와 감사함으로 마무리한다.

효빈, 길을 나서다
설악산의 사계와 야생화

03
울산바위와 토왕성폭포

속초에서 7번 버스를 타고 설악동 초입으로 들어가는 길, 덜컹거리는 버스 안에서 토왕성폭포와 노적봉 일대를 바라보니 제법이나 물줄기가 굵어져 있어 보기만 하여도 기분이 좋아진다. 설악동 소공원 입구에 내려서 보니 하늘이 장관이다. 공기는 또 얼마나 깨끗하던지 어떤 날을 맞이할지 벌써부터 기대감에 들뜨기 시작한다.
주로 공룡능선을 걷거나 천불동으로 하산 시 늦은 시간 내려서던 곳. 아주 오랜만에 정면을 바라보며 걸으니 새로움이 밀려온다.

저 세존봉이 저리 아름다웠던지 오늘에서야 제대로 보고 있었다. 좌측 뾰족 바위봉이 세존봉이고 그 뒤가 마등령이다. 가운데 소나무 뒤로 쑥 들어간 곳이 백두대간 저항령, 우측으로가 황철봉. 오늘 같은 날이라면 대청봉에서는 발아래로 깔린 운해도 만날 수 있었겠다.

　권금성으로 향하는 케이블카도 바쁘게 오가고 있다. 힘들이지 않고도 설악을 누려볼 수 있는 최적의 장소일 것이다. 좌측으로 노적봉과 가운데 칠성봉과 우측으로 권금성.

권금성은 케이블카로만 다녀올 수 있고 위험하다 하여 저 일대는 모두 비탐방으로 지정되어 있지만 비경산행을 즐겨하는 사람들은 오늘도 국공 직원들과 숨바꼭질을 하고 있을 것이다.

통일대불 앞을 지나다 잠시 멈춰 본다. 한참 가물 때는 이곳도 물 보기 힘들더니만 요 며칠 내린 비로 곳곳에 물 인심도 후해졌다. 하늘마저 깨끗해졌으니 발걸음이 가벼운 건 당연한 일.

물 한 모금 축이고 오늘은 수학여행 온 학창시절 그 기분으로 여유롭게 슬슬 올라 보려 한다. 시간이 된다면 울산바위 내려와 토왕성폭포도 가 보려 한다. 아무 생각 없이 걷다 보니 습관적으로 갈림길에서 울산바위가 아닌 비선대 천불동 방향으로 가고 있었다. 몸은 거짓말을 하지 않는다고 그동안 너무 능선 산행에만 집중했었나 보다. 모처럼 찾아온 여유로운 시간, 관광객 모드가 되어 최대한 느긋하게 걸어 보자. 신흥사에도 들러 본다.

신흥사는 652년 자장율사가 향성사란 이름으로 창건하고 그 뒤로 많은 화재와 한국전쟁을 거치면서 오늘에 이르렀다.

1642년 화재로 소실되자 1644년 중창을 발원하던 중에 신인이 꿈에 나타나 이곳에 절을 세우면 삼재가 범하지 못할 것이라 하여 이곳에 절을 세우고 신흥사라 하였다 한다. 강원도 유형문화재로 지정된 극락보전과 보제루, 보물 제443호인 향성사지 3층석탑과 청동시루 범종 등 많은 중요문화재가 남아 있다. 설악이라는 대자연 앞에 삼재라니 악재가 왔다가도 휘이~ 설악 그 강한 기운에 내빼 버렸을지도 모르겠다.

누리장나무와 담쟁이덩굴. ↑

누리장나무는 누린내가 난다 하여 이름 붙여졌지만, 꽃이 만개했을 때 나는 진한 백합향이 난다 생각했다. 그 진한 향에 보이지 않아도 근처를 지날 때면 누리장나무가 있겠구나 싶었다. 물론 많은 군락지 옆을 지날 땐 지린내

같은 향이 나기도 한다. 꽃이 활짝 피었을 때도 열매를 달았을 때도 독특하고 아름다운 마편초과 낙엽활엽관목이다.

싸리는 싸리지만 참싸리나 조록싸리처럼 콩과가 아닌 대극과에 속하는 광대싸리다. 아직 꽃으로 남은 모습과 열매 맺은 광대싸리 모습이다. 대극과의 식물들이 그렇듯 3실구조의 열매 모양이 독특하다. 이따 폭포 보러 갈 때 대극과의 사람주나무도 많이 만날 수 있을 것이다. ↑

끈끈이대나물과 닭의장풀. ↑

유럽원산지 귀화식물로 관상용으로 많이 심는 석죽과의 끈끈이대나물도 여기저기 꽃을 피웠다. 끈끈이대나물은 암자에서 가꾸던 것이 계곡 근처로 흘러들어 야생이 되어 가는 듯했다.

아~ 색감이 어찌 저리도 진하던지 닭의장풀은 흔하고 흔한 잡초지만 우리네의 친숙한 여름 들꽃이 아닐 수 없다. 달개비나 닭의밑씻개라고도 부르지만 이왕이면 이명보단 정명을 부르는 게 좋겠다. 닭장 주변에서 잘 자란다 하여 붙여진 이름 닭의장풀이다.

파리풀과 짚신나물이다. ↑

이 파리풀의 뿌리를 짓이겨 종이에 스며들게 한 후 놔두면 파리가 달라붙어 잡을 수 있어 파리풀이란 이름이 생겼다 한다. 요즘 끈끈이 같은 역할이었나 보다. 우리 조상들은 어찌 아셨던지 그 지혜들이 놀라울 따름이다.

파리풀도 그렇고 특히나 짚신나물은 늦여름과 가을이면 성가시기 이를 데가 없다. 꽃이 지고 열매를 달면 어찌나 여기저기 달라붙던지 도둑놈이란 이름을 가진 식물들보다도 귀찮은 존재가 되었다.

나비나 벌이 수정을 시키기도 하고, 새가 과실을 먹고 버린 씨앗이 새 생명으로 태어나기도 하고, 짚신나물이나 도둑놈의갈고리처럼 동물이나 사람 몸에 달라붙어 씨앗을 다른 곳으로 퍼트리는 아이들도 있다. 저마다 자신에게 가장 유리한 방식으로 터득해 온 생존능력일 것이다. 그러니 귀찮더라도 이해해 주겠어요. 맘껏 달라붙으시라요.

한 시간 남짓 천천히 올라서니 흔들바위다. ↑

흔들바위와 계조암 석굴과 그 위로 병풍을 친 듯 자리한 울산바위. 계조암은 신라 652년(진덕여왕 6년) 자장율사가 창건한 사찰로 이곳 석굴에 머물면서 신흥사를 창건하였다 한다. 길쭉하고 도톰한 반석 위로 올려진 바위 하나. 흔들바위다.

오랜만에 보는 것이라 그런지 전혀 다른 모습을 보는 듯 생소하기까지 하다. 내가 처음 설악산을 알게 된 것은 이 흔들바위였고, 설악산이라 하면 이 흔들바위가 전부인 줄 알았다. 지금 생각해 보면 참 무지했고 협소함이었다. 이따 울산바위 올라 마저 얘기해 보기로 하자.

여러 명이 흔들어도 흔들릴 뿐 떨어지지 않는다 하여 한 번쯤은 흔들어 보고 싶은 충동을 일으키게 될 것이다. 그렇다고 진정 확인해 보겠다고 온 힘을 다해 떨어트려 버리면 음~ 문화재 아님 자연 훼손 혐의로 잡혀갈지도 몰라유. 그러니 애교껏이요~^^

흔들바위를 지나 조망처에서 본 기다란 울산바위는 한 컷에 다 담지도 못할 만큼 줄줄이 엮인 삼라만상 같았다. 저 속으로 들어가 보자. ↑

울산바위 중턱쯤 올라 위를 바라보니 온갖 형태로 주물러 세워 둔 것 같은 기암들에 탄성이 나오지 않을 수가 없다. 게다가 하늘은 왜 이리도 푸르고 맑은지 마음이 들뜨고 설레는 건 이상한 일도 아닐 것이다. 앞뒤로 걷던 어느 님은 스마트폰을 차 안에 두고 그냥 오셨다니 남들은 사진 찍고 있을 때 그 허무한 모습이 안쓰럽기까지 하다.

나였다면 그 허탈함을 이기지 못해 당장이라도 내려갔다 다시 올라왔을 것이다. 힘들어 켁켁거리다 막상 정상에 올라서선 사진이고 뭐고 뻗었을지도 모르겠지만 말이다.

하늘이 너무 깨끗하고 맑으니 어느 카메라에 담아도 누가 대충 눌러도 모든 게 그림이고 모든 게 액자가 되는 순간들이다.

산인데 그것도 설악인데 힘이 안 든다면야 거짓이겠지만 예전에 비해 계단이 넓어지고 완만해져서 이젠 누구라도 오를 수 있게끔 한결 수월해졌다.

 그렇게 정상부에 올라서니 새인지 병아리인지 어미 콧등 위에 올려진 듯 병아리 바위도 이채롭다. 턱을 들어 위의 새끼가 떨어지지 않게끔 받쳐 주는 듯한 어미 새의 모정처럼 그 눈동자와 입 모양이 사랑스럽기까지 하다.
 맨 좌측 뒤로는 대청봉과 중청이, 그 앞라인 우측으로는 암릉미 가득한 공룡능선이 펼쳐진다. ↑

　우측 대청봉에서 흘러내린 화채능선의 화채봉이 우뚝 솟아 있고 화채봉 앞쪽으로는 암릉지대인 칠성봉과 권금성, 자세히 보면 케이블카 타는 곳과 희끗하게 토왕성폭포도 보인다.

　역시나 비지정탐방로로 묶여 있는 좌측 뒤의 뾰족한 바위 봉우리 달마봉은 이쪽에선 뾰족하게 보이는데 대청봉이나 이따 들르게 될 비룡폭포 쪽에선 리본 모양처럼 허리가 쑥 들어간 모습을 하고 있다. 달마봉과 화채봉 사이론 설악동이 자리하고 쌍천이 흐르고 있다. ↑

울산바위에 올라선다.

울산바위 좌측으로는 우리나라 최대 너덜겅이라 할 만한 황철봉이 흘러내리고 울산바위 우측으론 미시령과 상봉 신선봉으로 백두대간이 이어진다. 그리고 백두대간의 처음이자 마지막인 마산봉 진부령으로 힘차게 달려갈 것이다. 미시령 옛길과 새로 난 길이 마치 울렁거리는 물결처럼 꽤나 조화롭기까지 하다. 참으로 멋진 날이 아닌가.

장마가 오락가락하면서 한동안 찌푸려 있던 하늘. 그러니 이 푸른 하늘과 청정한 날을 어찌 감동에 마지않겠는가.

그렇게 자주 설악산에 오가면서도 사실 나는 울산바위가 내 평생 이제야 두 번째고 흔들바위는 세 번째로 만나는 것이다.

우리 학교 때 수학여행을 이곳 설악산에 왔었다. 엄밀히 말하자면 흔들바위를 보고 간 것이다. 우르르 흔들바위까지 뛰었다가 내려섰던 기억만이 남아 있다. 그때의 인솔 선생님들로부터 설악에 대한 추가 설명을 들었다면 좋았을 텐데 요즘처럼 인터넷이 발달한 정보화 시대도 아니었고 그저 선생님의 말 한마디 한마디가 큰 영향력으로 다가올 때였으니 말이다. 물론 단체 인솔로 인한 책임감과 안전에 대한 의무에 여유가 없었을 것이다.

'학생들이 단체로 오르기엔 위험한 곳일 수 있고 관리가 힘들기도 하므로 설악 중에서도 쉽게 다녀올 수 있는 흔들바위까지만 간다'는 설명과 함께 '흔들바위 위로는 정말 멋진

울산바위가 있고 설악엔 대청봉을 포함, 형용할 수 없이 수려한 곳이 많지만 지금은 갈 수 없다. 그러니 여러분들이 성인이 되어 설악을 다시 한번 찾아봐라~'라든지 이런 한마디 덧붙여줬으면 어떠했을까 생각하는 것이다.

  자연이고 산이고 관심도 없었을 때였으니 사실 누구 탓할 일도 아니었다. 설악산은 그저 어디에서나 볼 수 있는 조금 큰 바위 하나, 흔들바위로 인식하고 살았으니 우물 안 개구리보다도 더 협소한 내 설악에 대한 기억이었다.

미시령을 넘어서면 보이는 좌측의 저 리조트 단지. ↓
대청봉이나 공룡능선을 거닐 때도 울산바위 아래로 보이곤 하던 저 콘도도 정작 그 울산바위에서 만나니 새로움 가득하다. 그리고 속초 시내와 바닷가에 가까이 영랑호와 청초호가 보이고 지난번 청대산 주봉산 다녀오며 들렀던 관광수산시장과 갯배 타는 곳도 빼놓으면 안 될 속초의 명소 중 한 곳이다.

설악산 많은 코스 중 거리 짧으면서 암릉 좋고 조망 좋은 곳이 이 울산바위만 한 곳이 있을까 모르겠다. 산행도 어렵지 않고 짧으면서 바위도 아주 볼 만한 곳, 화암사 신선대(성인대) 코스도 좋다.

2017년 신년 일출을 보겠다고 찾은 화암사~성인대 사진을 몇 장 첨부해 본다. 우리가 흔히 북설악이라 부르고는 있지만 금강산이 지척인 것을 상기라도 시키려는 듯 금강산 화암사라 쓰여 있는 문구들이 신기하면서도 괜히 벅차게 만드는 힘이 있었다.

金剛山禾巖寺
효빈, 길을 나서다~

효빈, 길을 나서다~

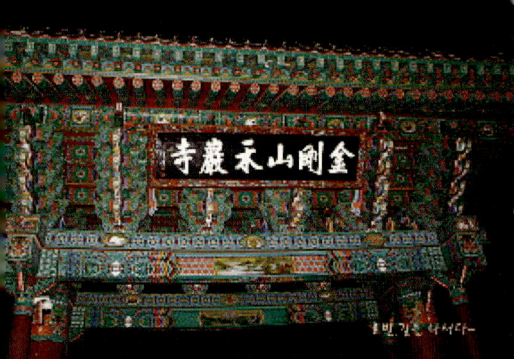

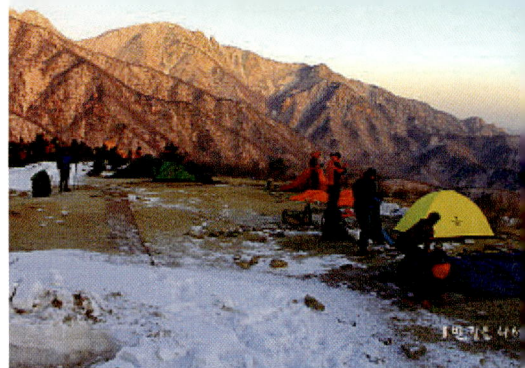

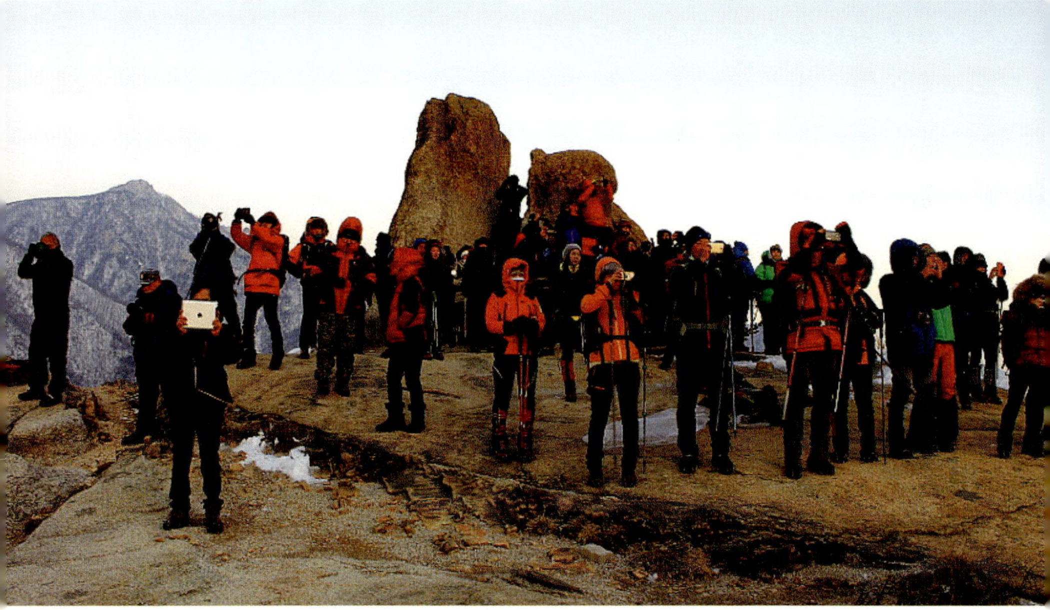

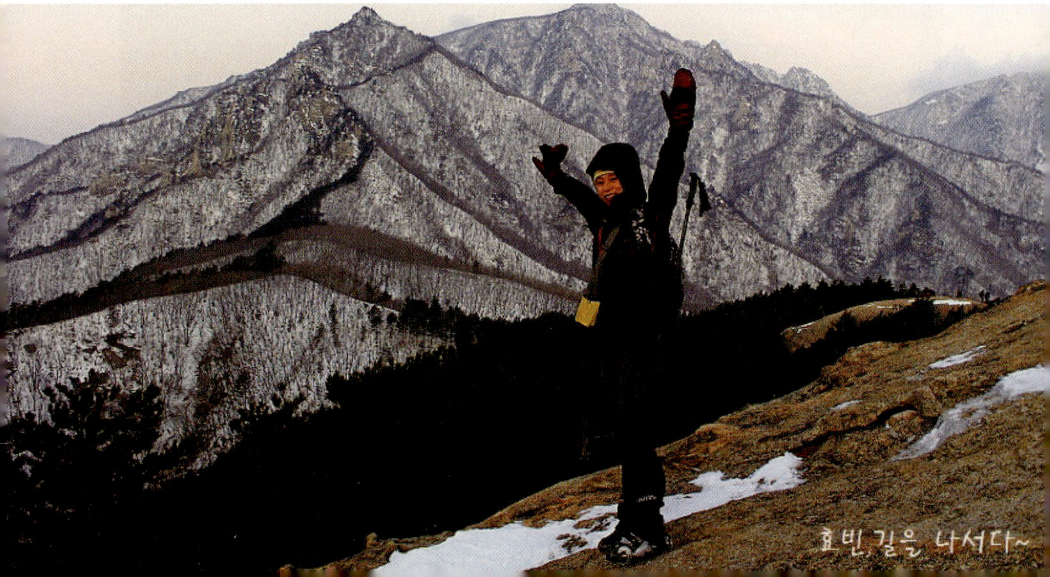

추위와 바람이 매섭다 못해 통증으로 다가오던 날. 그럼에도 일출을 기다리던 사람들의 표정엔 비장함과 굳은 결기마저 느껴졌다.

그 뒤로는 언제나 다시 밟고 싶은 북설악의 마지막 봉우리 상봉과 금강산의 첫 봉우리라 하는 신선봉이 듬직하게 버티고 있던 곳. 백두대간은 미시령을 지나 저기 상봉(내 머리 위)과 신선봉(우측 끝)을 거쳐 마산봉 진부령을 마지막으로 더 북으로 나아가지 못하고 끝을 맺게 된다. 이름이 비슷해 혼동될 수도 있는데 저기 백두대간 신선봉과 여기 신선대(성인대)는 다른 곳이다. 화암사와 신선대는 저기 백두대간 상봉 아래 자리 잡았다 보면 되겠다.

성인대(신선대)에서 바라본 울산바위. ↑

무엇보다 성인대 너른 암반에 서면 건너편으로 보이는 울산바위가 압권이다. 실제로 보면 바로 앞에 선 커다란 울산바위는 기대 이상 웅장하게 다가왔다. 저 갈기갈기 과하지 않은 근육들이 상부로 모여들어 뇌두를 이루고 정상부의 핵심 기암들은 날카롭지만 잘 배열된 군무의 행렬처럼 질서 정연 제자리를 찾아든 것만 같다. 가운데 뒤론 화채능선의 화채봉이 자신의 존재 부각시키고 왼쪽 뒤로 뾰족한 달마봉도 새로운 모습으로 저 자리의 주인이 되었다. 오른쪽 뒤로 중청의 모습도 잡힌다.
울산바위를 새롭게 재조명해 볼 수 있는 최고의 조망처, 신선대였다.

 그 겨울날 신선대에서 바라보던 풍경과는 달리 울산바위에서 맞는 상봉 신선봉은 저리 또 평온해졌다. 저기 미시령을 건너상봉과 신선봉 그리고 마산봉과 진부령까지 가면 남한의 백두대간이 끝이 나는 것이다. 울산바위 몇 군데 조망처 중의 아래 조망처로 내려와 바라본 모습이다.

　이곳엔 구멍이 뚫린 나마라는 풍화혈의 바위 형태도 보이는데 주로 화강암 바위에 염분이나 수분에 의해 풍화작용이 일어난 것으로 북한산 족두리봉에도 이런 모습이 남아 있다. ↑

　울산바위엔 이런 전설이 있단다.
옛날 옛적 조물주가 금강산에 일만이천봉 봉우리를 만들기 위해 전국의 아름다운 바위를 불러모았는데 울산에 있던 울산바위도 이 소식을 듣고 금강산으로 가던 중, 거대한 몸집 때문에 쉬 가지 못하고 날이 저물어 설악산에서 하룻밤을 묵게 되었단다. 다음 날 금강산의 일만이천봉 봉우리가 이미 만들어졌다는 소식에 다시 고향으로 그냥 가자니 너무 창피해 지금의 자리에 머물게 되었다고 한다. 금강산으로 아니 가기 얼마나 다행스러운 일인가. 덕분에 우린 금강산 못지않은 설악을 가까이 만날 수 있으니 말이다. 오늘 울산바위를 찾은 사람 중엔 남녀 한 쌍씩 외국인이 많이 보였다. 세계 어디에 내놓아도 부끄럽거나 부족하지 않을 설악. 그 설악 그 자부심으로 뿌듯함이 밀려오는 순간이다.

 대청봉도 공룡도 황철봉도 모두 잘 있거라. 조만간 또 바람처럼 달려가 이 울산바위를 내려다보고 있을 것이고 오늘의 이 시원한 바람을 기억할 것이다.

 다시 소공원 입구로 내려와 이제 비룡폭포와 토왕성폭포 전망대를 간다. 다른 코스처럼 시간도 그리 많이 걸리지 않으니 온 김에 울산바위와 토왕성

폭포를 같이 다녀오는 경우가 많다.

몇 년 전 처음 토왕성폭포를 개방했다는 얘기에 나는 진짜 토왕성폭포를 갈 수 있다 생각했다. 알고 보니 비룡폭포 위 전망대를 개방했단 얘기였다. 비룡폭포까지는 2.4km, 토왕성폭포 전망대까지는 2.9km.

비룡폭포 본격적인 오름에 들기 전까진 길이 참 좋다. 굳이 산행이 아니어도 산책 삼아 거닐면 좋을 길. 그 너른 산책로에 열매를 늘어뜨린 쪽동백나무와 비교하기 좋게 바로 옆으로 때죽나무도 보인다.

때죽나무와 쪽동백나무는 같은 때죽나무과로 꽃이 피었을 때도 열매를 맺었을 때도 참 비슷하게 생겼다. 쪽동백나무는 잎이 넓고 크고, 꽃(열매)이 20개 정도 줄지어 긴 꽃차례를 만들고 때죽나무는 잎이 좁고 작고, 2~5개씩 모여 피는 편이다. 쪽동백나무는 꽃이나 열매가 가지런히 모여 피고 열리는 반면, 때죽나무는 중구난방식으로 여기저기서 재잘거리는 느낌이다. ↑

　본격적으로 계곡길로 올라서니 굳이 비룡폭포, 토왕성폭포를 보지 않아도 좋을 만큼 계곡에 활기가 가득하다. 최근 내린 비로 수량이 어찌나 풍부해졌던지 흐르는 물살 모든 게 폭포고 소가 되었다. 그 폭포 소리는 어찌나 우렁차고 물색은 또 어찌나 청아하던지. 이곳은 어디여 나는 누구여 득음이라도 해야 할까 보다. 득도라도 해야 할까 보다.

　실상 비룡폭포와 토왕성폭포 전망대에 오른 시간은 햇살이 강하게 들어찰 때라 가는 도중에 있는 수많은 흐름들에게 더 매력을 느낀 날이었다.

조그만 출렁다리 아래로 힘찬 물소리는 또 어찌나 통쾌하던지 자체가 힐링이 되는 계곡이었다. 여섯 개의 담(못)으로 되어 있어 붙여진 이름 육담폭포다. 폭포 위로 출렁다리와 사방으로 멋들어진 암벽 또한 볼거리다. ↑

 그리고 비룡폭포에 이른다. 16m에 이르는 비룡폭포는 동해로 흘러드는 쌍천의 지류가 화채봉의 북쪽 기슭에 만들어 놓은 폭포다.
전설에 의하면 폭포수 속에 사는 용에게 처녀를 바쳐 하늘로 올려보냄으로써 심한 가뭄을 면했다고 하여 비룡이라 불렸다 한다. 어찌나 소가 깊어 보이던지 그 울림엔 정말 용이라도 한 마리 튀어 오를 것만 같다. 우리나라엔 용이란 이름이 들어간 폭포나 소가 참으로 많다. 의지할 곳 없었던 그 옛날, 용이라는 전설 속의 동물에게 한 줄기 희망을 품지 않았을까. 그 믿음으로라도 가난과 흉년을 이겨내야 했을 것이다.

    토왕성폭포 전망대로 오르는 내내 바닥엔 특이한 열매가 가득 떨어져 있다. 이름도 독특한 대극과의 사람주나무다. 대극과에 속하는 광대싸리, 대극, 등대풀 등이 그러하듯 열매 모양이 3실 구조를 띤다. 희끗희끗 녹회백색이라는 사람주나무 수피도 눈여겨보아 두자. 오래된 줄기는 얇게 갈라지고 단풍이 붉고 고와 눈에도 잘 띠는 편이니 이번 가을 길을 걷다 만난다면 사람주나무구나 이름 한번 불러주어도 좋겠다. ↑

비룡폭포 오를 때 보니 곳곳에 '진입금지'라는 안내문과 함께 국공 직원분들이 나와 있었다. 일대의 암벽, 암장을 이용할 때는 허가를 받아야 하는 곳이지만 알게 모르게 드나드는 이들 많은 것도 현실이다. 아무리 막는 자 있어도 또한 가고자 하는 이들의 의지는 꺾지 못할 것이니 말이다.
비룡폭포에서 토왕성폭포 전망대까지는 겨우 400m를 연장해 개방한 것이지만 가파른 900개의 계단을 올라야 해 제법이나 힘을 들여야 한다. 어느 산 어느 코스나 처음 개방을 맞으면 한동안 사람들로 미어지게 마련이다. 그게 두려워 뒤늦게 찾은 이유도 있었고 토왕성폭포가 아닌 전망대까지란 말에 실망한 마음도 있었을 것이다.

　조망처에서 잠시 건너편을 바라보니 달마봉 능선이 하늘샤워라도 하는 것만 같다. 저 달마봉의 독특한 형태에 각자가 다른 모습을 연상하고 있을 것이다. 내 눈엔 붕대 감은 미라가 하늘을 보고 누워 있어⋯ 번데기 한 마리 주름 잡고 있는 건 아닌지. ↑

　토왕성폭포 전망대에 선다.
우측 칠성봉 방향으로 강한 햇살이 걸려 있는 시간이라 사진이 깨끗하지는 않다. 지금 전망대는 그러니까 노적봉 아래쪽에 위치하는 것이다. 내 등 뒤로 잘린 부분에 노적봉 바위가 우뚝 솟아 있고 전망대에서 넘어가지 못하게끔 CCTV도 설치되어 있었다. ↑

　명승 제96호로 지정된 토왕성폭포는 화채봉에서 칠성봉을 끼고 돌아 총 높이 320m, 3단 연폭으로 비룡폭포, 육담폭포와 합류해 쌍천으로 흐른다. 지난번 대승폭포에서도 그러했듯 이곳 토왕성폭포를 본 뒤 옛 문인들은 여산보다 낫다 글을 남겼으니 단순히 내 나라 우리 땅에 대한 애착으로만 한 소리는 아니었으리라. 옛사람들에게 비춰졌을 이 거대 폭포는 어떤 의미로

다가왔을지 막연히 그 시절 갓 쓰고 도포자락 휘날리며 이 자리에 섰을 모습을 떠올려 보게 된다. 요즘처럼 운동화나 등산화도 없던 시절 바위산 미끄러운 계곡을 올라 저 절경을 보고자 힘든 걸음을 하였을 그 마음들이 그려진다.

멀리서 볼 때야 그저 가는 물줄기처럼 보이지만 저 속에서 직접 마주하는 순간은 그 웅장함에 놀라움을 금치 못할 것이다. 좀 더 가까이 볼 수 있는 날도 빨리 찾아왔으면 좋겠다. 1년에 하루 이틀 빙벽대회를 치룰 때 개방을 하곤 하지만 얼마나 많은 사람이 몰려들지는 말 안 해도 알 만한 이야기다. 언젠가는 전망대가 아닌 가까이서 저 장쾌함을 느껴볼 날도 기대해 보고 싶다.

전망대를 내려와 다시 설악동으로 가는 길. 여기저기 거침없이 쏟아져 내리는 폭포수와 쉴 새 없는 물줄기에 내가 다 기운이 솟아난다. 많고 많은 여름 피서지와 계곡이 있음에도 설악은 그 모든 걸 압도하는 힘이 있었다. 보호구역이라 여느 계곡들처럼 들어가 씻고 즐길 수는 없지만 그저 바라보는 것으로도 힐링이 되는 설악이다. 그동안 높이 오르고픈 욕심에 능선 산행에만 너무 치우쳐 있었던 건 아닌지 울산바위에서 맞은 청명한 하늘과 수정같이 맑은 폭포수의 청아함으로 또 이번 주 살아가는 힘을 얻을 것이다.

효빈, 길을 나서다
설악산의 사계와 야생화

04
보랏빛 유혹
- 금강초롱과 산상의 화원

사진 양이 너무 많으니 자주 접하는 풍경이나 야생화는 최대한 줄여보려 한다.

동서울터미널에서 한계령이나 오색으로 가기 위해선 꼭 거쳐 가는 곳. 설악을 대중교통으로 이용하시는 분들에겐 더없이 익숙한 원통터미널이다. 휴게소 대신 이곳에서 10분 정도 쉬었다가 한계령으로 출발하는 것이다. 동서울 버스를 기다리는 긴 줄. 이 지역을 대변해 주듯 대부분이 군인들이고 오후에는 등산객까지 합류할 것이다.

맑던 하늘이 한계령을 넘어오는 순간 날은 흐려지고 비까지 한두 방울 떨어지기 시작했으니 도통 감 잡을 수 없는 설악의 날씨다.

어디 설악이 그 평지의 평온함이었다면 이리도 매달 애태우며 찾긴 하겠느냐만 말이다. 날은 흐려도 안개인지 구름인지 산자락에 살포시 내려앉기까지 하니 오히려 멋진 운해 속을 걸을지도 모른다 생각하니 야후 벌써부터 신나요. 그런데 카메라가 말썽이다.

  나는 중고카메라 두 개를 돌려쓰고 있는데 워낙 바위에 부딪히고 바닥에 떨어뜨리는 일도 잦아 상처투성이 카메라를 간신히 쓰고 있다. 이번엔 하필 두 개가 다 망가져 셔터도 잘 눌러지지 않으니 중간에 작동되지 않아 낭패를 볼까 걱정인 것이다.

수리를 하면 되지 않을까 하겠지만 싸구려 중고인지라 수리비가 더 나올 판이니 마지막 수명 다할 때까지 알차게 써 볼 생각이다. 좋은 사진을 찍으려면 그에 맞는 카메라와 렌즈를 써야 맞겠지만 그저 내 가진 것에서 최선을 다할 뿐이다. 새로 산 카메라를 장착한 듯한 가뿐한 마음으로 올라보자. 숲은 한 달이 멀다 하고 또 다른 모습으로 탈바꿈을 하였다.

송이풀과 흰송이풀이다. ↑

흰송이풀은 자세히 보니 참 정갈하게도 생겼다. 남자들 흰 와이셔츠 단정히 입고 단추를 여미는 모습이 연상된다.

꽃개회나무 열매와 피나무다. ↑

피나무는 조각품이나 가구 내장재, 밥상, 바둑판, 김칫독, 궤짝 할 것 없이 쓰임새가 다양했고 조선왕조실록을 담은 상자도 이 피나무로 만들었다 한다. 피나무란 이름의 피, 껍질 역시 질기고 튼튼해 끈이나 밧줄은 물론 옷까지 만들어 입었다 하니 그 유용함이 옛사람들에겐 꼭 필요한 나무였음이다.

　이젠 개쑥부쟁이도 제 세상을 만났고 둥굴레도 검게 익어 간다. ↑
쑥부쟁이는 구별하기 어려울 만큼 종류도 많고 다양하지만 나는 높은 산중에 피어나는 개쑥부쟁이를 가장 좋아한다. 쉬 만날 수는 있지만 허접하지 않고 품위 잃지 않는 흔들거림도 좋다.
　쑥부쟁이나 가새쑥부쟁이에 비해 개쑥부쟁이 잎은 거치가 거의 없는 편이다. 중간 이상에 위치하는 잎을 말하는 것이고 아래쪽엔 톱니 모양 거치가 있다. 물론 꽃잎 아래쪽 총포도 비교해 봐야겠지만 보통 산중엔 개쑥부쟁이가 많고, 아무 수식 붙지 않는 쑥부쟁이는 주로 저지대에서 볼 수 있다.
맞춤법과 띄어쓰기 특히나 띄어쓰기는 너무도 어려워 거의 포기를 한 상태다. 제대로 쓰고 있다 말할 자신은 조금도 없지만 그래도 야생화에 관심 갖게 되면서 한 가지는 확실히 알고 쓰고 있다.
여전히 많은 블로그나 카페에 들어가 보면 꽃 이름을 띄어 쓰는 경우가 많은데 꽃 이름은 고유명사이므로 붙여 쓰는 것이 맞다. '변산 바람꽃, 개 쑥부쟁이, 금강 초롱꽃, 둥근 이질풀'이 아닌 붙여서 '변산바람꽃, 개쑥부쟁이, 금강초롱꽃, 둥근이질풀'과 같이 써야 한다.

드디어 오리떼들도 행동 개시하셨다. 미나리아재비과 초오속 진범이다. 독초라 하니 굳이 사생활엔 간섭하지 말자구요.
야들은 흰진범이라 하기엔 자줏빛이 너무 많고 그렇다고 진범이라 하기엔 흰빛이 많아라. 흰진범은 비스듬히 자라다가 윗부분에선 덩굴의 모습을 보이기도 한다. 진범이든 흰진범이든 고고하고 아름다워라. 여기저기 감고 올라타기 좋아하니 연약한 산꿩의다리 무너질까 걱정이다. ↑

개시호도 너무 괴롭히지 말라구. 그래도 이 정도 덩굴이라면 귀여운 애교 수준. 얼마 전 한강에 나가 보니 유해식물 가시박이 온통 물가 식물들을 점령해 버렸다. 유해덩굴식물 환삼덩굴은 이제 비할 게 아니었다. 그 커다란 수양버들도, 양버즘나무도 가시박에 옭매여 죽어 가고 있었으니 그나마 가끔 제거작업을 해 준다고는 하지만 그 뻗어 나가는 속도를 따라잡지 못했다. 한 해가 다르게 강가 나무들이 고사해 베어지고 있었으니 보고 있는 내 숨통이 조여 오는 듯했다.

진범아~ 그러니 살짝이만 올라타다 풀어 주기. ↑

　북아메리카 원산지로 생태교란종인 가시박과 가시박 제거 현장 사진이다. ↑
저렇게 큰 나무가 어찌 호박 줄기 같은 게 조금 올라탄다고 죽을까 의아해
할 수도 있겠지만 전혀 그렇지가 않다. 거미줄 같은 털과 덩굴손으로 무엇
이든 감아대니 빠져나갈 재간이 없는 것이다. 그 생장 속도는 얼마나 빠르
던지 제거 후 얼마 뒤면 또다시 온통 다 뒤덮어 버리니 차라리 공포로 다가
왔다.

　문제는 뿌리까지 제거가 아닌 땅 위로 보여지는 부분만 제초기로 밀고 있
는 게 현실이니 금세 자라날 수밖에 없었다. 악순환의 반복이 되는 것이다.
이렇게 쓰러지기 전의 제거작업은 그나마 다행이지만 더 이상 버티지 못하
고 부러지고 말라 죽은 나무를 요즘은 더 많이 접하게 되니 한강 나갔다 돌
아올 때마다 묵직한 돌덩이 하나를 얹고 오는 것만 같다.

그 찰랑거리던 강가의 버드나무가 사라져간다면 참으로 안타까운 일이 아니
던가. 오래된 고목들이 이럴진대 한강의 자그마한 초본들은 어떠할지 말 안
해도 알 만한 상황이다. 관심도 없고 그냥 지나칠 때가 마음 편한 일이었다.
어느 날부터 나의 한강행은 몇 그루의 나무가 잘라졌는지를 확인하는 일이
되어 버렸다. 어련히 알아서 하시겠지만 죽고 난 뒤 정리하는 작업 대신 초
반 제거 작업에 더 투자를 해주셨으면 하는 바람이다.

한계령삼거리를 앞두고 서북능선 안산 방향과 길 건너 가리봉과 주걱봉 쪽으로 안개구름이 몰려온다. ↑

좌측 귀때기청봉과 우측은 삿갓처럼도 보이고 우주선처럼도 보이는 귀때기청봉 가는 초입에 만날 수 있는 바위다.
 바람꽃을 따라 올랐다가 내려올 땐 오도 가도 못 하고 애를 먹었던 기억이 있다. 그래도 올라서 보면 조망이 아주 좋다. ↑

한계령삼거리를 지나면서부터는 공룡능선과 용아릉을 옆에 끼고 걷는다. 운해에 많이 가려졌지만 오히려 더 운치 있는 날이다. 오를 수 있는 바위는 모두 올라가 본다.

뒤로는 귀때기청봉이 다시 오라 손짓하는 듯하고 가리봉과 점봉산 방향에선 끊임없이 안개구름이 밀려왔다 걷히기를 반복한다. 나마저 덮쳐버릴 듯한 수증기에 온몸에 벌레 기어가듯 스멀스멀~ 괜시리 기분이 묘해진다. 아무 것도 보이지 않는 그 속에 들어앉아 있는 것도 나쁘지 않겠다 생각했다. 공기도 시원하고 기분도 묘샤시한 날.

날아갈 듯한 최적의 기분으로 걸어 보자. 모든 인물 사진은 바위나 바닥에 카메라 대충 올리고 날리는 셀카일 뿐이다.

주로 설악에 자생하는 귀한 배암나무는 아닌지 의심해 보지만 이건 그냥 백당나무겠다. 꽃이 피었을 땐 쉽게 비교가 되지만 열매로 변한 모습은 더욱이나 구별하기가 어려워진다. ↑

이것이 몇 년 전에 소청과 중청 사이에서 담았던 배암나무다. ↑

잎 가장자리엔 치아 모양 톱니가 나고, 잎은 세 가닥으로 갈라지기도 하고 타원형으로 갈라지지 않기도 한다. 백당나무보다 잎이 쭈글거리는 느낌이다. 백당나무나 배암나무 모두 인동과에 속한다.

서덜취 종류도 깨어났다. ↑

서덜이란 말은 냇가나 강가의 돌이 많은 곳을 칭하지만 정작 서덜취는 높은 산에 올라야 볼 수가 있다. 산나물을 좀 안다 하는 사람들이 봄날의 곰취를 반갑게 뜯었다가 좀 더 높은 곳으로 올라가 서덜취의 새순을 만나는 순간 뜯었던 곰취를 모두 버리고 내려올 만큼 서덜취는 높은 산중에서 볼 수 있고 맛을 본 사람들은 그 향에 취할 만큼 좋다고 했단다.

서덜취는 서덜취, 각시서덜취, 꼬리서덜취가 그게 그것처럼 보여 총포 생김

새가 종형인지 통형인지에 따라 포편 개수에 따라 달라진다.
에구, 생각 같아선 머리 아프니 그냥 서덜취 했으면 쓰겠다.

(서덜취와 꼬리서덜취는 총포 포편이 종형으로 7~10줄이고 외편 끝이 길쭉하게 뾰족하고 살짝 뒤로 젖혀지고 각시서덜취는 중편 끝이 뾰족하고 긴 원통형(대롱형)으로 6~7줄이라 한다. 굳이 구별하자면 포편이 몇 줄인지 총포가 종형인지 긴 원통형인지 살펴봐야겠다.) ↑

하나둘 꽃이 피고 있는 바위떡풀과 이제 서서히 끝물로 접어드는 단풍취. ↑
꽃이 피고 지는 걸 보면 계절은 참 정직도 하다. 절대 이 더위가 끝나지 않을 것 같다가도 말복이 지나고 처서가 다가오는 순간 찬바람 들어오기 시작했으니 말이다.

　메밀꽃 필 무렵의 작가는 달밤의 메밀밭을 소금을 뿌려 놓은 듯하다 했다. 달빛에 비추는 메밀밭이 얼마나 황홀하였을지 그 밤은 누구라도 사랑에 빠지지 않았을까. 이 참나물이야말로 사각사각 적당히 잘 마른 고급 소금을 보는 것만 같다. ↑

미역취와 금마타리 열매. ↑

설악산 하면 이 마가목도 빠질 수가 없다. ↑
곧 붉게 익어 갈 것이고 저 풍경들과 어우러지니 더 근사한 한 샷이 되었다.

눈개승마는 열매를 맺었고, 눈빛승마는 이제 꽃이 한창이다. ↑
눈개승마는 장미과에 속하고 눈빛승마는 미나리아재비과에 속한다.

프로펠러 같은 4개의 날개를 단 나래회나무 열매와 흰 꽃이 핀 어수리. 어수리는 꽃잎 바깥쪽이 안쪽 꽃잎보다 더 커서 다른 산형과 식물보다 구별이 쉬운 편이다. ↑

꽃이 아주 자그마해 그저 잡초처럼 보이기도 하지만 자세히 들여다보면 이 색감이 보통 아름다운 게 아니다. 오리방풀이다.

오리방풀의 잎끝은 풀거북꼬리처럼 툭 튀어나와 비슷한 산박하와 차이를 보인다. 산박하 잎은 저리 가운데가 길게 튀어나오지 않고 전체적인 크기도 오리방풀보다 작고, 북부 지방보단 중부 이남에서 더 많이 보이는 편이다. 잎의 폭이 길이보다 긴 것을 지리오리방풀이라 따로이 분류해 부른다. ↑

아~ 그 빛마저도 찬란하여요.
이 계절 숲의 여왕이라 하여도 틀리지 않아요.
한국특산식물이고 희귀식물인 금강초롱이다. ↑

이 아이들은 흰금강초롱인지 아님 물이 빠진 것인지 어쨌든 아름답기 이를 데 없어요. 금강초롱에 대해선 대청봉 일대에서 다시 논해 보기로 하자. ↑

　언제 봐도 앙증맞고 귀여운 두루미꽃 열매다. ↑
두루미의 고고한 자태를 보는 듯, 품위마저 느껴진다. 대부분 두루미꽃은 큰 군락을 이루는데 뿌리줄기가 옆으로 뻗으면서 자라기 때문이다. 꽃이 두루미 머리를 닮았다고도 하고, 잎과 잎맥이 두루미 날개를 닮아 이름 붙여졌다고도 한다.

　둥근이질풀과 도라지모시대. ↑
화관이 빵빵하게 부풀어 있는 도라지모시대 꽃은 얼마나 큰지 진짜 도라지보다도 크다 느껴졌다.

둥근이질풀은 이젠 서서히 끝물로 접어들지만 그 화사함은 어느 꽃들을 압도해 버린다. 둥근이질풀은 주로 높은 산에 올라야 만날 수 있고, 그냥 이질풀은 민가 근처나 산 초입 나지막한 곳에서 만날 수 있다. 이질풀이란 이름은 설사(이질)를 낫게 해 준다고 하여 붙여졌는데, 쥐손이풀 종류와 많이 혼동할 수 있다. 둥근이질풀이 수놓은 꽃길을 따라 끝청으로 간다.

투구꽃도 개화를 시작하였고, 은분취도 자주 만나게 된다. ↑
투구꽃과 지리바꽃은 너무 유사해서 사실 오동정하기 쉬운 식물이다. 기존

의 자료들에서 투구꽃의 열매는 3실이고 지리바꽃은 5실이라 하였지만 또 다른 자료에서는 지리바꽃이 3실이라 되어 있고 지리바꽃이면서 3실인 것도, 투구꽃이면서 5실인 것도 많이 있으니 사실상 열매로 구분하는 건 불가능해 보인다. 그래서 최근엔 잎의 갈라짐이 가늘고 깊은지에 따라 구별하고 있지만 여전히 같은 꽃을 보고도 오동정이 많이 나올 수밖에 없는 상황이 반복되고 있는 것이다.

풀솜대와 자주솜대다. 풀솜대는 영롱한 붉은색으로 익어 갈 것이고 자주솜대는 다갈색으로 익어간다. 풀솜대 잎과 줄기엔 잔털이 많아 자주솜대와 구별되기도 한다. 풀솜대 열매가 매꼬롬하니 둥글다면 자주솜대 열매는 3실로 둥근 형태를 띤다. 나눠 먹는 아이스크림 쌍쌍바가 두 가닥이 아닌 세 가닥으로 붙은 것만 같다. 풀솜대 자주솜대 모두 백합과의 여러해살이풀(다년생 초본)이다. ↑

자주솜대와 배초향. ↑
향신료로 쓰기도 하고 나물로도 먹는 배초향을 방아잎이라 많이들 부르지만 방아풀이라는 다른 식물도 있어 혼란을 부추길 수 있으니 정명 그대로 배초향이라 부르면 좋겠다.

트레이드마크처럼 온통 다 자주색인 새며느리밥풀이 변해 가고 있다. ↑
연한 홍색으로 그러다 흰색으로. 세상의 모든 게 변해 가는데 야네들이라고 변하지 말란 법은 없다만 이러다 설악의 모든 식생에도 변화가 생길까 살짝 조바심이 나기도 한다.

몇 년 전 처음 설악권 백두대간을 걷다가 완전한 백색의 새며느리밥풀을 보고 신기해했던 기억이 있다. 얼레지나 투구꽃이나 흰색 꽃이라 하면 귀하다 생각하기도 하는데, 변이되는 것이니 조금은 씁쓸한 일이기도 하다.

그렇게 끝청에 올라 잠시 허리를 펴고 건너편 점봉산을 바라보니 구름이 무겁게 내려앉고 있다. ↑
2년 전 점봉산에 갔다가 아찔한 경험들을 해야 했다. 그냥 점봉산만을 가는 코스라면 모를까 한계령에서 시작해 망대암산을 거쳐 가는 백두대간길은 비탐인데다 어두운 새벽에 진행하는지라 위험이 뒤따르기도 한다. 예전엔 밧줄이 간간이 있어 그래도 무사히 진행했던 기억이 있는데 그날은 밧줄이 모두 수거되었고 그렇지 않아도 위험한 길. 비 내린 뒤의 바위는 아찔함 자체였다.

결국 어느 분 바위에서 떨어져 머리를 다쳐 병원으로 가야 했고 손발을 다치신 분은 그나마 양호. 이미 올라간 사람은 내려오는 게 더 위험하니 아래쪽에 뭔 일이 있어도 지켜만 보는 상황.
어쨌든 주체 리딩자는 그런 곳을 지날 땐 로프 하나쯤 준비하고 다녀야 하지 않을까 생각이 들었던 순간이었다. 가지 말란 곳은 가지 않는 게 상책이고 한두 번이면 되었다. 너무 위험한 산행은 내키지 않는 요즘이다.

끝없는 운해가 설악 여기저기를 떠돈다. 다른 지역은 쾌청하게 맑은 날이란 걸 증명이라도 하듯 우뚝 솟은 귀때기청봉 왼쪽 겹겹 맨 뒤로 경기 최고봉인 화악산이 들어오지 않는가. 높은 설악 위로만 구름이 모였다뿐이지 오늘은 시야가 아주 좋은 날이다. ↑

너도 조망 감상한다냐. 설악은 언제 봐도 좋제.
사람이 다가와 앉아도 도망갈 생각을 안 하네.
설마 눈 뜨고 죽은 척 하는 겨~ 나 그리 무서운 사람 아니라구.
하기야 너는 나를 의식조차 안 하는 거 같다만 쩝.

중청으로 가는 길. 늘 멈춰가던 곳에서 쉬어 간다. ↑
내 뒤 중청에서 가운데 소청, 그리고 왼쪽 아래로 봉정암도 어렵지 않게 찾

아볼 수 있겠다. 가을 단풍이 물들어 갈 땐 백담사에서 봉정암 거쳐 올라볼 생각이다. 수렴동계곡과 구곡담의 맑은 물에 단풍이 물들어 갈 때면 가히 절경이 따로 없는 곳이다. 천불동 단풍도 좋다.
이제 중청과 대청으로 가 보자.

설악산에 와야 만날 수 있는 아이.
이름에서 알 수 있듯 금강산과 설악 일대에서만 볼 수 있는 금강분취. 금강이란 이름이 들어간 식물만도 이리 많은데 금강산에 직접 들어간다면 얼마나 다양한 식생이 자라고 있을지 기대감을 부추기는 대목이다. ↑

영롱도 하다. 산앵도나무와 홍괴불나무 열매다. ↑

홍괴불나무도 얼핏 산앵도나무처럼 보여 그냥 지나칠 뻔했다. 두 개의 자방이 자라서 꼭지만 붙어 있는 게 보이는가. 열매가 중앙 이상까지 합쳐진 모습을 보이는 홍괴불나무다. 지난번 서북능선에서도 얘기했듯 홍괴불나무와 흰등괴불나무를 구별한다는 게 그리 쉬울 것 같지만은 않다. 흰괴불나무는 잎뒷면이 회백색을 띠지만 열매자루가 상대적으로 긴 편이고 꽃이 더 작고 잎은 가늘고 설악엔 없다고도 한다.

홍괴불나무. ↑

이제부터 중청대피소까진 흐드러진 꽃길을 걷는다. 흰고려엉겅퀴다. ↑
고려라는 이름에서 알 수 있듯 고려엉겅퀴는 우리나라 특산식물이고 우리가 흔히 알고 있는 곤드레를 말한다. 흰고려엉겅퀴는 얼핏 흰색꽃을 피는 정영엉겅퀴와 비슷하지만 말 그대로 정영엉겅퀴는 잎이 정녕 엉겅퀴처럼 가시가 날카롭다.

산오이풀과 수리취가 지천인 길을 따라 걷는다. ↑

이 길을 걸을 땐 언제나 기분이 너무 좋다. 꽃은 흐드러지게 피었고 쉬어 갈 수 있는 중청대피소가 나타날 것이고 대청봉이 지척에 드러날 테니 말이다. 수리취는 언젠가 홈쇼핑에서 유행처럼 판매했던 얼굴 마사지기를 닮았다. 저것만 있으면 정말 주름이 펴질 것만 같고 리프팅이 될 것만 같아 주문해 보지만 가는 세월을 어찌 당할 수 있겠는가.

이젠 거의 져가고 열매로 변해 가고 있다. 주로 높은 산 정상부 쪽에서 자생하는지라 쉬 접할 수 없는 산쥐손이는 둥근이질풀보다 꽃이 작고 잎은 깊게 갈라진다. 산쥐손이 주위엔 노란색의 등대시호도 어렵지 않게 볼 수가 있다. 여긴 설악이니까 가능한 얘기다. ↑

중청 아래를 지나면서부터는 등대시호가 곳곳에 눈에 띈다. ↑
열매를 맺은 모습 또한 독특하다. 이 모습을 보고 우유 짜는 기계를 닮았다 생각한 적이 있다. 희귀식물인 등대시호는 우리나라에만 자생하는 한국특산식물이고, 설악산과 덕유산을 포함 고산 몇 곳에서 적은 양이 발견되고 있는 귀한 몸이시다. 2014년인가 속리산에서 등대시호 자생지가 발견, 실체를 확인하였다는 기사를 접한 기억도 있다.

2017년, 이 중청대피소를 2019년에 철거한다 보도들이 나왔지만 아무런 진척 없이 한해가 지나가 버렸으니 행여 또 찬반에 갇혀 이러지도 저러지도 못하고 있는 건 아닌지 우려스러운 대목이다. 국공에 문의를 해 보니 2020년 철거를 한다 하였다가 여러 기관이 엮여 있는 문제들로 할지 안 할지 언제일지 아직 이렇다 할 뚜렷한 계획이 없다 하셨고 다른 국공직원분은 2020년부터 단계적 폐쇄를 할 것이라고도 하셨다.
당일 산행이 여의치 않은 사람들에게 중청대피소는 큰 위안이 되었고 대청봉 일출을 보기 위한 최적의 장소이기도 했고 한겨울, 상상 초월하는 추위를 피할 수 있는 말 그대로 대피소였다. 낡은 건물로 인해 안전에 문제가 있고 주변 경관과 환경을 훼손한다는 이유가 충분하니 당연한 일이겠지만 또 한편으론 그리움일 수도 있겠다.
   또한 달라질 설악에 대한 기대도 함께 생겨났다. 대피소가 사라진 이 자리 이쯤 지날 때면 쉬어 갈 명분이나 생길지 지친 몸 이끌고 가다 이 중청대피소가 생각날 것이다. 물론 소청대피소나 희운각을 이용할 수 있겠지만 정상 바로 아래 있는 대피소와는 의미부터가 많이 다를 것이다. 이 자리가 그리워질 것 같아 최근 1~2년은 지날 때마다 한 장씩 인증도 남겨 보았다.
오랫동안 끌어왔던 오색 케이블카 사업은 결국 2019년 9월 부결로 백지화가 되었다.
환경을 생각하고 산을 망칠까 우려하는 사람들에겐 반가운 소식일 것이고 걸어서는 올라보지 못하는 사람들과 지역 경제를 생각했던 주민들에겐 실망을 넘어 분노로 치닫는다는 뉴스를 접하니 마음이 그리 편치만은 않았다.
그렇게 마침표를 찍었나 했지만 양양군에서는 2019년 12월 10일 오색 케이블카의 환경영향평가 부동의 결정에 불복하는 행정심판을 청구했다고 밝혔으니 아직 그 공방은 끝나지가 않았다.

  이 중청대피소를 보면 알 수 있듯 1995년에 지어져 겨우 25년 만에 사라질 위기에 처했으니 신축은 신중하게 해야 할 것이다. 산이 온통 천연기념물로 지정된 설악의 건물이라면 더욱이나 그러하다. 100년도 아니고 50년도 아니고 겨우 25년 전인 1995년 그때는 환경적인 문제를 생각하지 못하고 지었단 말인가. 무엇이 되었든 설악을 위한 최선의 선택이 되었으면 좋겠다.

줄줄이 산구절초 맞이해 주는 길을 따라 대청봉으로 오른다. ↑
기분 좋은 순간이 아닐 수 없다. 올 8월에만 이미 두 번째 같은 길을 걷

고 있다. 처서가 가까워지고 이 산구절초 사방에서 흐드러지니 벌써 가을이 느껴진다. 그냥 구절초에 비해 산구절초 잎은 더 가늘고 깊게 갈라지는 편이다.

중청대피소 앞은 그야말로 야생화원이 따로 없다. ↑
저 공룡과 돌고 도는 백두대간 산줄기를 향한 대자연의 향연. 생태보전권이자 천연기념물인 설악. 그 안엔 우리가 다 헤아리지도 못할 만큼 다양하고 소중한 식물자원이 가득 들어찬 것이다.

귀처럼 생긴 꽃잎이 네 개로 갈라진다 하여 그리고 쓴맛이 난다 하여 붙여진 이름 용담과의 네귀쓴풀이다. 내 눈에만 그런 건지 이 네귀쓴풀을 보면 마치 옛 선비들이 가지고 다니던 연적(먹을 갈 때 필요한 물을 담던 그릇) 같단 생각을 하곤 한다. 아주 자그마한 연적에 청화로 문양을 그려 넣고 잘 구워 만들어낸 자기. 청잣빛 네귀쓴풀을 원 없이 볼 수 있는 것도 설악의 매력이다. ↑

한 다발의 부케인 듯한 산형과의 고본과 두메오리나무도 열매를 달았다. ↑

무엇보다 대청봉 일대에서 빼놓을 수 없는 건 바로 이 눈잣나무다. ↑
누운 잣나무란 뜻의 눈잣나무가 자생하는 우리나라 거의 유일한 곳이기도
하다. 이곳에서 보호되지 않으면 우리나라에서는 영원히 볼 수 없을지도 모
른다 하니 그 귀중함이 더해지는 것이다. 소나무과에 속한 눈잣나무는 희귀
식물 멸종위기종에 지정되어 있고 설악산을 대표하는 깃대종이기도 하다.

호빈길을 나서다~

호빈,길을 나서다~

바람꽃은 며칠 사이로 열매로들 많이 변했지만 여전히 피어 있는 바람꽃도 많이 보인다. 모든 바람꽃들이 이른 봄부터 피고 지는 모습을 본 뒤 여름에서야 설악에서 꽃을 피우는 아무 수식 붙지 않는 설악의 바람꽃.
이제 주인공 자리를 내어주었지만 여전히 설악의 주인이시고 모든 바람꽃들을 진두지휘할 그대는 영원한 원조.
저 아름다운 공룡과 대간길과 어우러지니 금상첨화가 되었다. ↑

열매로 변한 바람꽃과 활짝 피어나는 산부추. ↑

어쩜 이리 교묘할 수가 있을까. 그렇지 않아도 비슷하게 생긴 아이들이 한데 섞여 있다. 위는 홍괴불나무, 아래는 산앵도나무 열매다. ↑

종류도 다양해 은근 구별 까다로운 집안, 잔대도 대청봉 일대를 수놓았다. 지금 대청봉은 여름과 가을이 공존하고 있는 것이다. ↑

다 지고 마지막 남은 가는다리장구채다. ↑

흔하게 볼 수 있는 장구채나 가는장구채와 달리 이 가는다리장구채는 고산부 은밀한 곳에서 드물게 만날 수 있는 아이로 가까운 미래에 멸종위기에 처할 수도 있는 희귀식물 위기종에 이름을 올리고 있다. 해마다 같은 자리에서 만날 수 있다는 것도 감사할 따름이다. 한 달, 아니 일주일이면 새로운 꽃이 피고 지고 이 높은 바위산이 꽃으로 뒤덮인 꽃밭이라니 생태보전권이고 온통 다 천연기념물 지정이 괜한 것이 아니었음이다.

　　　초롱초롱. 그 보랏빛 유혹이 시작되었다.

한 10cm나 될까. 몸을 있는 대로 엎드려 영접을 해 보지만 그 모습 대면하기 쉽지가 않다. 대청봉의 거친 바람을 피해 바위틈에 숨어 있었쪄요. 그 자태 눈이 부시니 숨어 있다 한들 빛이 수그러들기나 할라구요. 꽃말도 각시와 신랑. 청사초롱 불 밝혀야 할 것 같은 화사함이 아름답기 이를 데 없다. 경기 북부와 강원도 고산에서 자라는 금강초롱은 처음 금강산에서 발견되어 금강초롱이란 이름이 붙었는데 우리나라 1속 1종의 특산식물이고 희귀식물이다. 북한에선 천연기념물로 지정되어 있다니 얼마나 귀하신 이쁜이인지 이 계절 설악을 놓치고 싶지 않은 이유인 것이다.

대청봉이란 하늘에서 별무데기 쏟아져요.
참바위취가 대청봉 오르는 바위 틈틈이 자리 잡았다. ↑

　그렇게 대청봉에 올라서니 유후~ 그 오락가락하고 변화무쌍한 설악이 만들어낸 멋들어진 풍경 앞에 섰다. 이런 풍경 앞에 넋을 놓고 싶고 환호하고 싶어 설악으로 오고픈 것이다. 날은 흐리고 빗방울 떨어지고 걱정했던 것에 비하면 아주 굿입니다요.

04. 보랏빛 유혹 - 금강초롱과 산상의 화원

넓은 도화지에 물감을 흘려 절로 섞여 하나가 되어 가는 느낌도 참으로 좋다. 오색과 오대산 방향이다. 또다시 안개구름 몰려오는 대청봉을 뒤로하고 하산 시작한다.
산오이풀도 잘 있어요. ↑

하산길도 둥근이질풀을 포함 잔대며 산구절초, 모시대와 나도하수오, 큰네잎갈퀴 등등 진종일 담아도 모자랄 만큼 꽃들이 지천이다.

큰네잎갈퀴 열매와 귀룽나무 열매. ↑
귀룽나무는 이른 봄 다른 나무들보다 이르게 싹을 틔우던 것이 결실 역시 빠르게 익어 간다.

줄기에 붉은 무늬가 있는 기름나물(산기름나물과는 구별하지 않음)과 노란 꽃을 피우는 까치고들빼기. 까치고들빼기와 혼동하기 쉬운 지리고들빼기는 엽축(잎줄기)에 날개가 있고 꽃잎이 6~8장이라 보통 5장인 까치고들빼기와 비교가 된다. ↑

새끼꿩의비름과 반가운 나도하수오다. ↑
새끼꿩의비름은 잎겨드랑이에 주아(구슬눈)가 있어 세잎꿩의비름과 구별된다. 세잎꿩의비름이나 새끼꿩의비름 모두 잎이 꼭 세 장씩 돌려나기 하는 것만은 아니다. 나도하수오는 우리나라에만 자생하는 특산식물로 멸종위기 희귀식물로 지정되어 있다. 하수오를 닮아 붙여진 이름으로 덩이뿌리를 홍약자라 하여 약용하기도 한다는데, 그저 꽃으로 열매로 이 자리 남아 주길 바랄 뿐이다.

↙ 얼핏 단풍취라 생각할 수도 있지만 게박쥐나물이다.

그러고 보니 잎이 게딱지를 닮지 않았는가. 희귀식물 약관심종에 분류된 국화과의 여러해살이풀 게박쥐나물이지만 오색 하산길엔 군락을 이뤄 어렵지 않게 눈맞춤할 수가 있다. 북부와 한라산에도 자생하지만 주로 설악권에 많이 서식하고 있다. 발왕산에도 자생지가 넓게 퍼져 있었다.

참배암차즈기와 박쥐나무다. ↑

참배암차즈기는 입을 쩍 벌리고 먹잇감을 노리는 배암 모습 그대로지 않은가. 중부지방이나 북부의 깊은 산속에서 서식하는데, 희귀식물 약관심종에 분류할 만큼 그 자생지가 점점 줄어드는 형편이다. 명지산에도 자생지가 생각보다 넓게 퍼져 있다.

꽃 피는 모습이 신기하던 박쥐나무도 이제 영롱한 결실을 맺었다. 잎과 잎맥이 박쥐의 날개와 실핏줄을 닮지 않았는가. 끝없는 돌계단으로 내리막길이 힘들긴 하지만 이쯤에 있는 이 아이들과 눈맞춤할 수 있어 하산길 활력이 되어 준다.

이외에도 다 올리지 못하는 많은 들풀꽃들은 참고용으로 정리해 보려 한다.

 진통제와 파스로 중무장을 하고 왔지만 아~ 이젠 정말 참을 수 없을 만큼 허리가 아파온다. 오래전부터 달고 살았던 허리 통증이 최근 많이 심각해져 가벼운 산행은 물론 일상마저 위협하기 시작했으니 우울감과 함께 삶의 질도 많이 떨어져 버렸다. 좋아하는 일이기 때문에 가능할 뿐 수없이 앉았다 일어섰다. 수많은 야생화를 담고 일일이 정리해 글을 덧붙이는 일은 고된 작업이다. 그러니 그냥 흘려보진 않기요~^^
두 번 다신 오색으로 하산하지 않겠다 그 다짐은 늘 메아리가 될 뿐 무릎 다 나갈 것 같은 오색 하산길도 사방에서 들리는 폭포 소리에 힘든 걸 잊는다. 다 내려와 하류에서 잠시 발을 담가 본다.

지금 설악은 금강초롱을 비롯해 산구절초며 산부추 등 온갖 야생화가 가을을 알리기 시작했다. 1,708m 우뚝 솟은 그곳에 온갖 귀하신 몸짓들과 기암과 운해가 만나 한껏 뿜어내는 아우라를 상상해 보시라. 산상의 화원 8월의 설악산이었다.

효빈, 길을 나서다
설악산의 사계와 야생화

05
봉정암과 대청봉, 단풍에 물들어 가다

10월이 막 시작되었다.

올해는 건너뛸까도 생각해 보았지만 막상 단풍 소식 들려오니 마음이 들썩거려 안 되겠다. 절정이야 더 있어야겠지만 정상부엔 이미 붉게 익어 가고 있을 것이다. 동서울터미널에서 아침 6시 49분 첫차를 타고 용대리 백담사 입구에서 내린다. 백담사 시외터미널에서 백담사 셔틀버스를 타는 곳까지 15분쯤 걸어 들어가야 한다. 늘 느끼는 거지만 전국 가장 호황인 곳이 백담사 셔틀버스라 생각할 만큼 평일임에도 끊임없이 밀려드는 사람들과 기다리지 않고도 바로바로 이어지는 버스의 행렬에 역시 설악이라는 생각을 하게 된다.

버스 요금은 2,500원. 용대리 마을에서 백담사까지는 약 7km로 걸어서는 1시간 30분 정도가 소요될 것이다.

백담사에 도착하자 그 트레이드마크처럼 백담사 앞 계곡엔 돌탑이 가득하다. 우리 산하 돌이 있는 곳에선 어디나 돌탑이 생겨났다. 마음속 이야기 하나쯤 풀어놓고 싶은 대상이 필요했을 것이다. 그저 묵묵히 들어 줄 이, 자연만 한 대상이 없었을 테니 말이다. 털어내 놓고 후회하지 않아도 되고 소문날까 걱정하지 않아도 되는 최고의 친구이자 인도자인 자연.

  백담사 앞마당의 마당 쓰는 풍경을 뒤로하고 잘 다듬어진 널따란 등로로 들어서니 앳된 비구니 스님들 담소가 정겹다. 순례 행사 때문에 올라온 것인지 경상도 말투의 스님들 대화엔 그 나이대의 감성은 숨길 수가 없었다. 백담사에서 대청봉까진 약 12.9km로 오색으로 하산한다면 18km쯤 될 것이다. 오색이나 한계령에서 오를 때보단 거리가 길어서 당일로 진행하기엔 좀 부담이 될 수 있지만 볼거리가 많아 시간은 늘어나도 충만함은 커질 것이다.

물론 봉정암 가까이 오를 때부턴 '힘들다 힘들어'를 연발하겠지만 말이다.

  봉정암은 불자들이 많이 찾는 성지이기도 해서 백담사에서 대청봉을 오르는 경우, 봉정암에서 1박 하고 다음 날 오르는 사람들이 많다. 불자가 아닌

경우도 1박을 할 수 있다고도 하는데 괜히 찔려 거짓으로 말하지는 못할 것 같다. 어쨌든 봉정암에서 내려오는 단체 순례객들도 많이 보였다.

바야흐로 꽃향유와 향유 전성시대다. ↑
꽃향유와 향유는 꽃이 한쪽으로 치우쳐 피는 특징이 있어 전체적으로 피는 배초향과 비교된다. 꽃이 한쪽 방향으로 피는 건 꽃향유와 향유의 공통점이지만 꽃차례가 가늘고 길고 꽃향유처럼 꽃이 풍성하지 않은 게 향유다.

거의 열매로 변해 가는 투구꽃 가운데 몇몇 꽃송이들이 보인다. ↑
이 투구꽃을 볼 때면 병사의 딱딱한 투구보다는 여리디여린 승무의 고깔 같다 느끼곤 한다. 하얀색의 투구꽃을 볼 때면 더욱 그러했다. 경건함마저 느껴진다. 애잔함과 한국적인 색채가 느껴지는 조지훈 시인의 「승무」라는 시에서 그 정취를 느껴볼 수 있을 것이다.

까실쑥부쟁이와 산국이다. ↑

비슷한 참취는 늦봄부터 여름에 핀다면 까실쑥부쟁이는 늦여름과 가을을 대변한다. 참취 아래쪽 잎은 둥글고 넓적하다면(심장형) 까실쑥부쟁이는 아래쪽 잎도 길쭉길쭉(타원상 피침형)해 구별된다.

산국을 만나니 이젠 정말 가을인가 싶다. 사실 산국과 감국의 구분이 참 모호하다. 감국의 꽃이 산국보다 크고 감국은 산국보다 잎끝이 더 무딘 것으로 되어 있지만 그것 역시도 변이가 심한 편이다. 우산살 모양으로 한 곳에서 많은 꽃이 피는 산형화서면 산국이고 꽃줄기가 가지를 치는 취산화서로 피는 것을 감국이라 구별하고 있다. 말려 국화차를 만드는 건 산국이 아닌 감국이라 한다.

꽃과 열매가 포엽에 싸이는 용둥굴레와 마치 철수세미 같은 병조희풀 열매. ↑

쐐기풀과의 산물통이와 꼭두서니과의 꼭두서니 열매. ↑

새삼과 미국쑥부쟁이다. ↑

생약명 토사자인 새삼은 다른 식물에 기생해 영양분을 빨아먹고 사는 기생식물이다. 굵은 철사 같기도 하고 꽃이 피었을 땐 노란 실처럼도 보이고 어쨌든 다른 식물에 뿌리를 내려 양분을 흡수하니 조금 어마무시한 아이다.

실새삼과 미국실새삼도 있다. 유해식물로 지정된 미국쑥부쟁이지만 살아가겠다고 한자리 차지하는 걸 보면 굳이 미워하지는 못하겠다. 덩굴이 아니니 그나마 다행.

 가을은 결실로서 존재를 부각시킨다. 고추나무와 쉬땅나무, 노박덩굴과 생강나무(아래)도 모두 제 할 일을 충실히 마쳐 가고 있으니 어영부영 한 해를 마무리해 가는 내가 부끄러워요. ↑

가을꽃 하면 산부추와 이고들빼기도 빼놓을 수 없겠다. ↑
저 고들빼기, 이 고들빼기 아니구 진짜 이름이 이고들빼기예요.

키 큰 나무 아래에서도 잘 자라는 생명력 강한 노린재나무다. 그 흔하디흔한 나무가 어찌나 영롱하고 진한 색감의 열매를 만들어 내던지 흔한 건 귀하지 않다는 편견 그런 걸 사라지게 만든 나무이기도 했다. ↑

돌바늘꽃과 독활. ↑

암술 끝이 둥그런 구형이면 돌바늘꽃, 곤봉 모양이면 바늘꽃으로 구별하는데 암술이 보이지 않지만 전체적인 모습으로 볼 때 돌바늘꽃으로 보인다. 바늘꽃은 꽃이 진 뒤 씨방이 마치 바늘처럼 가늘고 길어 붙여진 이름이고 두릅나무과의 독활은 바람이 불어도 흔들리지 않는다는 뜻에서 붙여졌다.

이제부터는 조금 혼동될 수도 있는 노박덩굴과 화살나무속 열매들이다. 회잎나무와 화살나무 열매다. ↑

가지에 코르크 같은 날개가 있으면 화살나무, 없으면 회잎나무로 구별한다지만 회잎나무와 화살나무는 같은 종으로 봐야 한다는 견해들이 많을 정도로 산길을 걷다 보면 하나의 나무지만 어느 가지엔 날개가 있는 것도 어느 가지엔 날개가 없는 것도 보였다. 환경에 적응하고 살아가는 게 자연의 섭리일진대 세상에 변하지 않는 것이 어디에 있으랴.

화살나무속 회목나무 열매다. ↑
5월의 그 젤리 같던 꽃을 기억하는가. 꽃이 피었을 때도 열매로 변한 모습

도 신비롭기 이를 데 없는 나무다. 볼수록 독특한 매력의 소유자 회목나무 열매는 툭 튀어나온 검은 눈을 달고서 세상을 널리 관망하는 듯한 모습에 늘 걸음을 멈추게 한다. 우주선이 지구를 염탐하러 내려오는 모습 같다고도 생각했다.

열매가 5수성(다섯 갈래로 갈라짐)이면서 얇은 날개가 있어 날개 없이 매꼬롬한 참회나무와 구별되는 이건 회나무다. ↑

뭐니 뭐니 해도 이 계절, 가장 흔히 만날 수 있는 건 역시나 회나무 식구들이다. 주렁주렁 가는 길목마다 붉은 열매를 가득 달았다. 봄에 꽃이 피었을 때는 참회나무인지 그냥 회나무인지 애매하던 것들.
5수성에 튀어나온 날개가 없이 공처럼 둥글고 매끈한 것은 참회나무.
5수성에 얕은 날개가 있으면 회나무.
4수성으로 깊은 날개가 있으면 나래회나무.
그러나 4수성이면서 날개가 얕은 회나무와 나래회나무 중간 형태들을 띠는 것들도 있고 5수성이어야 할 회나무에 중간중간 4수성들도 어렵지 않게 볼 수 있으니 세상만큼이나 숲의 아이들도 그 정의대로만은 아니었다.

5수성이면서 날개 없이 공처럼 둥근 이것은 참회나무다. ↑

4수성의 깊은 날개가 특징인 나래회나무와 ↑

4개의 능선으로 된 참빗살나무. ↑

마치 어릴 때 입 안에서 가지고 놀던 고무노리개를 닮은 참빗살나무는 흘림골에서 담은 것이고 이 일대 등로에선 보지 못했다.

　영시암을 지나고 본격적으로 수렴동계곡과 구곡담으로 들어서면 그 영롱하고 수려한 절경에 절로 감탄사 쏟아져 나온다. 졸졸 흐르는 물소리와 옥 같이 청아한 계곡. 거기에 이제 물들어 가는 형형색색의 단풍까지. 이런 풍경을 보고도 무심히 지나치는 건 자연에 대한 유죄여.

효빈,길을 나서다~

설악엔 정규탐방로로 허가가 나지 않은 비경 코스도 많지만 그러나 또한 정규탐방로만으로도 아름다운 곳이 너무도 많다.

봄에는 큰맘 먹고 공룡능선도 한번 넘어보고 생동하는 봄의 천불동계곡 그 웅장함에도 취해 보고 여름이면 청아한 계곡 십이선녀탕 물소리에 두 눈을 정화해도 보고 수렴동계곡과 구곡담을 끼고 용아릉의 기운을 받으며 봉정암으로 오르는 길은 또 얼마나 아름다울 것이며 가을의 흘림골 주전골의 단풍은 그 화사함이 극에 달할 것이다. 설경으로 뒤덮인 겨울의 그 길이야 어딘들 마다할 것인가. 이런 설악을 사계절 접할 수 있다는 건 너무도 큰 축복이 아닐 수 없다.

울긋불긋 물들어 가는 저 자태들 좀 보라. 이제 시작된 단풍이라 아직 다 채워지지 않았지만 지금 이대로의 모습으로도 가다 서다 멈추고 이 황홀경에 취하고 수없이 감탄사를 내뱉어야 했다.

단풍은 높은 곳에서 아래로 흘러가게 된다. 그러니 며칠 이내로 붉디붉은 단풍은 저 폭포수들과 수많은 기암괴석과 어우러져 천하절경 이곳이로다를 감히 논할 수 있을 것이다. 굳이 정상이 아니어도 볼거리 무궁무진한 설악. 시간이나 체력에 맞춰 단풍 구경에 나서 봐도 좋겠다.

너무 거대한 폭포는 웅장해 좋지만 살짝 두려움이 앞서게 된다. 자그마하지도 너무 크지도 않아 나는 이 폭포가 좋다. 목욕하던 선녀가 튀어 오를 것만 같은 한 폭의 그림이 아닌가. 이런 절경이 끝없이 이어지니 이곳이 바로 설악이다. ↑

쌍용폭포다. ↑

쌍용폭포는 구곡담계곡의 핵심 폭포로 22m 높이에서 양쪽으로 흘러 깊은 소를 이루는데, 수량이 많을 때 이곳에 서면 그 거대한 흐름을 마주할 수 있을 것이다. 전체를 담는 것도 웅장하지만 소만을 부각시켜 보는 것도 아름답다.

계곡 위로는 2013년 우리나라 명승 제102호로 지정된 용아장성이 늠름한 자태로 병풍을 둘렀다. 봉정암 사리탑을 기점으로 동으로는 가야동계곡과 만경대 공룡능선을 거느리고 서쪽으로는 수렴동계곡, 구곡담계곡을 끼고 서북능선이 장대하고 웅장하게 펼쳐져 있으니 그 신비로움은 극에 달하는 것이다. 저 위로 붉음이 가득 채워질 때면 그 아름다움이 어떠할지 상상만으로도 기분 좋은 일이 아닐 수 없다. ↑

협곡을 지나 마지막 봉정암으로 오르는 길은 힘에 부친다.
힘차게 뻗어 가는 용아릉에 단풍마저 더해지고 있으니 절경 한번 쳐다보랴 돌계단길 신경 쓰랴 한 걸음 한 걸음은 더디기만 하고 이러다 오늘 중으로 대청봉에 오를 수 있을지나 모르겠다.

봉정암이나 소청대피소에서 1박을 하시는 분들이 많은지라 그분들은 천천히 여유롭게 오르시고들 있었다. 이제 봉정암이 지척이다. 얼른 올라보자. 어차피 사리탑 전망대에 올라서면 또 시간 가는 줄 모르고 머무를 것이 뻔하니 말이다.

백당나무도, 함박꽃나무도 미역줄나무도, 세잎종덩굴도 올 한 해 수고 많았어요. 그대들로 인해 원 없이 기쁨을 누렸으니 어찌 다 고마움 전하겠당가요. ↑

전국의 불자들이 성지순례지로 많이 찾는 봉정암이다. 봉정암은 백담사의 부속암자로 우리나라 5대 적멸보궁 중 하나다. 적멸보궁이란 불상을 모시지 않고 사리탑에 부처님의 진신사리만 봉안하는 곳으로 영축산 통도사, 오대산 상원사, 사자산 법흥사, 태백산 정암사, 그리고 이곳 설악산 봉정암이 그곳이다.

　봉정암 사리탑으로 오르는 길도 가을빛이 완연해졌다. 시간이 좀 더 걸리더라도 봉정암에 오면 나는 꼭 이곳 사리탑 전망대에 들러 용아능과 공룡능선을 가까이 보는 즐거움을 누려 보곤 한다.

　봉정암 석가사리탑(보물 제1832호)은 신라 선덕여왕 때 자장율사가 중국 당나라에서 석가모니의 사리를 모셔와 이곳에 탑을 세우고 사리를 봉안하였다고 전해진다. 통일신라 때 원효대사를 비롯한 승려들이 보수한 뒤 보존하였다 하는데, 이 탑의 양식은 고려 때의 것으로 추정된단다. 불자든 아니든 이곳을 찾는 모든 이들에게 가득 품은 바람 하나쯤은 이루어지길 바라본다. ↑

아래로는 봉정암이 자리하고 위로는 소청대피소와 소청, 중청이 올려다보이는 사리탑 조망대. 봉정암부터 중청 쪽으로는 이미 가을을 느끼기 부족함이 없다. ↑

저 터프하고 믿음직스런 공룡의 등줄기를 보라. ↑
며칠 이내로 공룡능선도 화사하게 옷을 갈아입겠다. 가운데 툭 튀어나온 바위가 공룡의 최고봉인 1275봉이다.

용아릉도 그 수려함을 알알이 들어차는 단풍과 나누고 있음이다. ↑
공룡이 용솟음치는 것처럼 장쾌하고 힘찬 느낌이 공룡능선이라면 용의 이빨처럼 날카로운 기암들을 자랑하는 게 용아장성이다. 뾰족뾰족 고양이 털처럼 날 선 그곳에 알록달록 물들어 가니 어느 해외 관광지 부러울 것이 없다.

　　봉정암을 지나 소청으로 가는 길도 단풍이 절정을 맞았다. 내 앞뒤로 걷던 아이와 아빠는 설악산이 평생 처음이라 했고 소청대피소에서 1박을 하려나 보았다. 힘들지만 그 힘듦을 즐기는 아이는 아빠보다 더 씩씩하게 걸음을 옮기고 있었다. 아빠가 가자 한다고 따라나선 아이도 대단하고 아이에게 이런 경험을 하게 해준 아빠도 멋져 보였다. 살면서 아이에게 이날의 기억은 아빠의 또 다른 모습으로 추억될 것이다.

그렇게 소청을 지나 뒤돌아본다. 바로 아래 소청까지 단풍 물든 지금도 좋고, 공룡능선까지 붉음으로 뒤덮일 때면 그 화려함이 극에 달하게 된다. 상상만으로도 황홀한 일이다. ↑

끝청에서 뻗어 나간 서북능선과 가운데 저 귀때기청봉에도 속속들이 단풍으로 들어차고 있겠다. 귀때기청봉을 사이에 두고 좌 가리봉 주걱봉, 우 안산은 늘 호위하듯 그 자릴 지켜 주니 든든하기 이를 데 없고. ↑

가운데 뾰족 기암들 사이로 봉정암 사리탑 전망대도 보인다. 그런 뒤에 용아장성이 힘차게 뻗어 가는 곳. 이미 단풍은 봉정암 아래까지 내려가고 있었다. ↑

　대청봉과 중청봉은 저 모습에서 더 이상 붉어질 일은 없겠지만 최선을 다해 쏟아낸 열정에 박수를 보낼 뿐이다. 이제 정상부는 서서히 겨울을 준비하고 있으니 그 영광은 모두 아래의 단풍들에게 내어줄 것이다. ↑

　내가 설악에 대해 잘 알지 못했을 때 단풍을 보겠다고 찾은 10월 10일경의 중청 대청엔 첫눈이 내렸고 이미 한겨울이었다. 그런 경험을 몇 차례 한 뒤에서야 정상의 단풍을 보겠다면 첫 단풍이라 할 때 와야 한다는 것도 알았다. 물든 듯 아니 물든 듯~ 은은하면서도 차분한 정상부 단풍의 맛. 그래서 해마다 이 시기를 놓치고 싶지 않은 것이다.

지나치게 화려하진 않지만 그렇다고 초라하지도 않다. 키 작은 나무만이 주는 단아함. 그게 고산 단풍의 매력이다. 이 울긋불긋 중청의 자락이 아래로 아래로 흘러내려 간다.

중청 단풍 ↑

언제나처럼 이 자리를 지키는 아이들.
고본도 귀룽나무도 잘 있어요. ↑

대청봉으로 오르면서 뒤돌아본 길. ↑

다 붉게 변했음에도 대청봉의 트레이드마크 눈잣나무만이 그 푸름을 잃지 않았으니 이 계절이 되어 더욱이나 빛을 내고 있었다.

　작년보다 단풍은 며칠 늦어졌고 단풍색도 많이 진하지 않다고도 하지만 이만하면 충분히 아름답지 않은가. 이맘때 대청봉에 서면 뭐니 뭐니 해도 중청 쪽 단풍이 압권이다.

바람이 심히 불어온다. 장갑을 꼈지만 벌써 손이 시려 오고, 재킷을 걸쳤어도 춥게 느껴진다. 아~ 그러나 살 것 같다. 이 바람 맛에 이 정상에 선다.

혹, 단풍이 별로네~라는 분이 계신다면 설악 정상부의 단풍을 잘 몰라 하시는 말씀일 게다. 거친 바람에도, 궂은 날씨에도 잘 버티어 자라 준 키 작은 나무들에겐 최고의 절정이고 선물인 것이다. 저지대의 화려한 단풍이 아무리 곱다기로서니 거친 자연 앞에 맞서 이 정도 꽃을 피운 아이들을 어찌 능가할 수 있겠는가 말이다.

이러다 며칠 뒤면 금세 겨울로 변하는 변화무쌍한 설악이니 더욱 그러하지 않을 수가 없다. 현장에서 느끼는 반 정도도 사진으로 전해지지 못함은 늘 아쉬움이다. 무엇인들 살아 움직이고 생각하는 두 눈에 비하겠는가. 마주하며 느끼는 그 깊은 감정을 대신해 줄 수 있겠는가.

부는 바람만큼이나 마음도 살랑이는지 마냥 앉아서 동해와 떠다니는 구름떼에 빠져 있다. 우측 화채능선을 지키는 초소 뒤로 누군가 불이라도 낸 것만

같다. 급속히 빠져나가는 구름떼가 한 줄기 연기가 되었다. 이 사진 한 장이 단풍의 흐름을 잘 말해 주고 있다. 단풍은 하루가 다르게 아래를 향해 내려설 것이다. 조금씩 화채능선을 물들이기 시작했고 조만간 설악 전체가 그 붉음에 휩싸이게 될 것이다. 그만 내려가 보자. 막차 시간을 맞춰야 하는 나는 뚜벅이란 거 잊지 말기.

점봉산을 단풍 액자에 끼워 이 길을 걷는 기분은 또 어떠한지. ↓
입 벌리고 감동하는 것도 이젠 힘들어 하지 못하겠어요.
어느 날은 설악에 다녀오면 실제로 입이 너무 아파 한동안 말하는 것도 자제를 해야 했다. 풀꽃나무들에게 일일이 말을 걸고 풍경에 감탄하고 어찌나 중얼중얼 거리던지 걷는 만큼이나 에너지 소비가 심했음이다. 그럴 만한 설악이 있다는 게 또 얼마나 고마운 일이던가.

뒤태 뽀샤시한 거기 누구당가요. 설악에 알비노 다람쥐 한 마리가 나타났다는 기사와 사진을 접한 적이 있었다. 2008년 수렴동계곡에서 발견된 이래 10년 만에 다시 포착되었다 하더니 딱 이 아이였다. 흰색의 알비노 다람쥐는 멜라닌 색소 결핍으로 생기는데, 10만분의 1 정도로 아주 보기 드문 일이라 알비노 동물이 발견되면 길조로 여기기도 했단다. 국공에서 제공한 사진이 아닌 어리바리한 내 눈에 보이다니 반갑기 이를 데 없다.

숲으로 들어가던 아이, 안녕~ 했더니 잠깐 멈춰 뒤를 돌아본다. 새하얀 꼬리에 연약한 몸짓. 활동적인 것은 좋다만 그래도 보호색을 띠지 않으니 부디 조심해서 다니라구. 사는 게 뭐 있당가. 맛난 것도 많이 먹고 파이팅~!

잎이 말라가고 있으니 별 차이가 느껴지지 않겠지만 같은 국화과의 단풍취와 게박쥐나물이다. ↑
단풍취는 잎이 단풍 모양이라 붙여진 이름이고, 박쥐나물은 박쥐의 날개를, 희귀식물 약관심종인 게박쥐나물은 잎이 게를 닮았다.

한 번 제대로 알아 두면 쉬 비교가 될 것이고, 구별이 가능해지는 순간 뿌듯함도 커질 것이다. 여전히 어렵긴 마찬가지지만 야생화에 무지했던 내가 그나마 알아갈 수 있었던 이유 중 하나는 많은 사진을 찍는 습관 덕분이기도 하다. 그냥 보고 지나치면 모른 채로 끝이 나지만, 꽃이든 풀이든 찍어둔 사진이 있으면 궁금해서라도 찾아보고 공부하게 되니 힘들더라도 남겨 보는 것이다. 어느 날 사진을 뒤적이다 생각도 못 한 귀한 자료를 건지기라도 할 때 그 기분은 꽤나 쏠쏠함이 있었다. 야생화에 관심 있는 분이라면 알든 모르든 일단 카메라에 담아 보자. 꽃만 담기보다는 잎과 줄기 전체의 모습을 담아 둬야 나중에 구별하는 데 도움이 된다. 워낙 비슷하거나 미세한 차이로 이름이 달라질 수도 있으니 말이다.

　　단풍은 이미 무르익을 대로 익어 가고 아름다움도 절정을 치닫고 있었다. 일주일 뒤쯤엔 오색 중간 아래까지도 내려갈 것으로 보인다. 늘 겨울과 가을 두 계절이 공존하는 설악이었다.

30퍼센트쯤 물들었다 하였을 때가 정상엔 절정을 맞는 것이니 정상부 단풍을 보고자 한다면 9월 말~10월 초 좀 서둘러 올라야 한다는 뜻이기도 하다.

물론 해마다 조금씩의 차이는 있었다. 천불동이나 주전골 단풍도 참 곱다.

단풍의 시작점이자 계절의 지표인 설악.

지금 설악산 단풍은 아래를 향해 빠르게 내려가고 있었다.

효빈, 길을 나서다
설악산의 사계와 야생화

06
주전골과 만경대의 늦가을

11월의 첫날. 내가 다녀온 후 강원도엔 많은 눈이 내렸다. 그러니 마지막 가을을 보고 온 것이다. 작년과 재작년엔 사람이 너무 몰려 올라가다가 포기했었던 만경대. 올해도 가을 한시적으로 만경대가 개방되었다. 늦었지만 다시 그곳으로 간다.

효빈,길을 나서다~

동서울터미널에서 아침 6시 30분 차를 타고 한계령 굽이굽이 내려서다 버스가 멈춘다. 흘림골 탐방센터 입구다. 습기가 가득 찬 창문을 통해 한 장

담아 본다. 흐릿하지만 나름 안개 자욱한 날처럼 운치가 느껴지기도 한다. 이곳에서 내리려는 승객들이 있었으나 흘림골은 낙석위험 등으로 통제된 상태다. 잠깐 국공직원에게 확인을 한 후 버스는 다시 그 승객들을 태워 오색으로 간다.

 오색정류장에서 내려 오색약수와 주전골로 들어가는 길. 시기가 늦은 탓인지 어쩐 것인지 의외로 조용하다. 물론 잠시 뒤부터 단체객들 우르르 밀려들 왔지만 그래도 작년에 비하니 한산 그 자체가 아닐 수 없다.

오색터미널에서 오색약수로 들어가는 길. ↑

지난번에 하산해 시간이 좀 남아 오색약수 맛을 봤었다. 예전엔 말 그대로 설탕을 뺀 사이다였지만 요즘은 쇠 비린내가 나는 것 같아 내 입맛엔 잘 맞지 않았다. 그래도 여전히 인기 있는 오색약수다.

주전골과 용소는 상관없지만, 만경대는 예약을 하거나 주중 사람이 많지 않을 경우엔 현장 접수도 가능하다. 해마다 조금씩 다르겠지만 보통 개방 기간은 10월 1일부터 11월 14일까지 오전 9시부터 오후 3시까지다. 성국사 옆길을 막 지나 설 때 만경대 예약과 현장접수가 이루어졌다. 예약을 하지 않고 나선 길이었지만 작년에 비하니 이렇게나 한산해져 있었다.

　천불동계곡의 축소판이라는 주전골에 들어서면 독주암이라는 바위 하나가 우람하게 서 있다. 바위 정상부에 겨우 한 사람 앉을 정도로 좁다 하여 독좌암이라 하다가 현재는 독주암이라 부르게 되었다 한다. ↑

　꼭 높이 올라야만 설악은 아니었다. 대청봉이나 설악 주능선으로 오르지 못하더라도 웅장하고 듬직한 바위들을 보며 걸을 수 있는 이곳, 주전골의 장점이기도 하다. 기암들의 도열을 받으며 졸졸 흐르는 물줄기는 그야말로 사방에 호위무사들을 두셨네.
　선녀탕을 지나서면 본격적으로 주전골의 암봉들과 가을도 깊어져 간다.

　이곳 역시 선녀들이 목욕하러 내려온 이야기가 전한다. 그러고 보면 정말 옛날 옛적엔 하늘에서 선녀들이 내려왔던 건 아닐까. 그렇지 않고서 어찌 그리 선녀 이야기가 많은지.

물론 그만큼 맑고 청아함을 이야기하고 싶었던 것이겠지만 혹 우리가 모르는 진짜 다른 세상이 있었을지도 모르겠다는 상상력을 품어 보며 걷는 것도 또 다른 즐거움이다.

　그 옛날엔 지금의 발전된 세상을 말도 안 되는 허구라 생각했을 것처럼 우리가 알고 있는 그저 옛날이야기가 실제로는 다 일어나고 있었던 일이라면… 그런 막연한 생각들도 해 보면서 이 눈부신 주전골의 늦가을을 만끽해 본다.

06. 주전골과 만경대의 늦가을

올해는 단풍색이 유독 곱다. 그러니 설악의 단풍이야 말해 무엇 하겠는가. 바위도 단풍도 그저 무심한 듯 뽐내지 않아도 빛이 나는 곳. 설악의 위력이다.

주전골은 옛날 강원 관찰사가 한계령을 넘다가 이곳을 지날 무렵 어디선가 쇠붙이 두들기는 소리가 들려 하인을 시켜 쇳소리 나는 곳을 찾아 살펴보게 하였다. 하인은 10명의 무리들이 동굴 속에서 위조 엽전 만드는 걸 보고 이 사실을 보고하니 관찰사는 대노하여 그 무리들과 동굴을 없애버렸다.

그 이후로 이 골짜기는 위조 엽전을 만들었던 곳이라 하여 쇠를 부어 만들 주(鑄), 돈 전(錢) 자를 써서 주전골이라 부르게 되었다 한다. 그 위조지폐의 소굴 주전골이 오늘날 기암들과 어우러져 아름다운 단풍 명소가 되었다.

만경대는 2016년 10월 개방을 맞았다. 46년 만에 처음 개방이라는 소식에 평일 주말 할 것 없이 사람들이 몰려들었다. 개방되는 그 기간도 짧은 데다 더 이상의 개방이 없을 거란 생각에선지 어찌나 많은 사람들이 몰렸던지 한계령~오색 도로는 주차난에 시달려야 했고 용소폭포를 지나서부터는 너무 많은 인파로 행여 사고가 날까 겁이 나기도 했다. 결국 나는 그해, 용소 폭포를 지나서 되돌아 내려와야 했다.

 그날 어느 님의 표현을 빌리자면, 줄이 어찌나 길던지 언제 돌아올지도 모를 복권 당첨 순서를 기다리는 사람들 같다 했다. 사람 심리가 그러지 않은가. 이게 마지막이야 하면 왠지 가 봐야 할 것 같고, 해야 할 것 같고, 오늘이 아니면 더 이상 못 볼 것 같은 뭐 그런 것. 다행히 2016년 이후 매년 10월이면 약 45일간의 개방을 하게 되었으니 조금 여유로운 마음으로 돌아볼 수 있게 되었다.

아무튼 주전골의 늦가을만으로도 참 아름답지 않은가. 좀 시기가 늦긴 하였지만 깊어 가는 가을을 느끼기엔 부족함이 없다. 막 깨어난 단풍은 청춘의 싱그러움 같아 좋고 익어 가는 단풍이야 그 깊은 연륜이 느껴져 좋다. 가을은 누구라도 시인이 되고 누구라도 감성 깊은 가을 사람으로 만들어 주는 마법이 되어 준다.

가을은 산을 통해 우리에게 편지를 쓰는 공간이라 했다. 굳이 누군가의 답장이 없으면 어떠하고 꼭 보내야 할 대상이 떠오르지 않으면 또 어떠하랴. 미지의 누군가에게 가을 편지 한 장 보내 보자. 가을의 특권이니 말이다.

이 길엔 저 우람한 바위 하나가 어찌나 듬직한지 늘 시선을 압도해 버리곤 한다. 단순히 큰 바윗덩어리 같지만 저 안엔 수만 가지 표정들이 살아 있었다. 그날의 내 감정에 따라 웃고 있는 코믹한 얼굴도, 새침한 아이도 보이고 토라져 곧 울 것 같은 사람도, 부끄러워하면서도 밀회를 나누는 연인도.

이 길의 핵심은 역시 용소폭포다. 많이 가물었는데도 물줄기 어김없이 흘러주니 그저 감사할 따름이다. 옛날에 이 못물에서 천년을 살던 이무기 두 마리가 하늘에 오르려 했으나 암놈 이무기가 준비가 안 되어 하늘에 오를 시기를 놓쳐 폭포 옆의 바위가 되었다는 전설이 전해진다. 그렇다면 수놈 이무기는 혼자서 하늘에 올라간 것인가. 의리 없는 수놈 이무기 같으니라구~ 위쪽으로 올라가며 보는 용소폭포는 단풍과 어우러져 최절정의 화사함을 뿜어내고 있었다. 감히 인공 색소로는 흉내 내지도 못할 천연의 색~ 바로 자연의 색이었다.

효빈,길을 나서다~

효빈,길을 나서다~

　아~ 절묘하게 패인 저 구뎅이 좀 보라. 합성첨가료 넣은 청량음료보다 더 진한 물색과 그 물결에 따라 패여진 바위의 형태까지.
마치 샘을 파놓은 듯 둥그런 형태로 깎이고 다듬어진 이 세월의 흔적을 감히 우러러보지 않을 수가 없다. 그저 경외를 표하고 아름다움이라 칭할 수밖에 더 이상의 미사여구도 넣지 못하겠다. 흘러내리는 바위의 흐름과 색감이 섹시하기까지 하다. 그런데 저 땡그란 구멍 튜브 하나가 자꾸 시선을 붙잡는다. 그래~ 너도 풍경이다.

← 용소폭포탐방센터로 올라선다.

만경대를 가려면 이곳 용소탐방센터를 거쳐 다시 산길로 접어든다. 만경대가 개방되지 않을 때는 이곳에서 산행은 가볍게 끝이 나는 것이다. 국공직원들 차량 안내를 하러 나와 계시지만 생각만큼 복잡하지가 않다.

처음 개방할 때만 해도 끝없이 줄지어 올라야 하던 이곳이 조금 휑해졌으니 덕분에 오늘 이 길을 걷는 나에겐 이런 호재가 없음이다. 그러니까 이 길은 한계령에서 오색으로 내려오는 중간쯤이다. 버스를 타고 내려올 적에 이 도로 어디쯤에서 내려 걷고 싶었다.

주전골이나 숲의 단풍도 곱지만 양옆으로 설악이 둘러쳐져 있으니 굳이 산으로 계곡으로 들어가지 않아도 충분한 아름다움이 있었다.

아까 주전골에서 받은 예약증을 이곳에 반납하고 만경대로 오른다. 국립공원 직원분들이 여러분 나와 계셨다. 사람이 많을 땐 너무 미어져 걱정, 또 오늘처럼 너무 한산하니 허전해 좀 그런가. 어쨌든, 한자리 계속 서 있는 게 보통 일이 아닐 텐데 고생들이 많으십니다. 이 또한 만경대가 개방된 후 달라진 풍경이다.

오색에서 용소폭포탐방센터까지는 왕복이 가능하지만 용소폭포탐방센터에서부터 만경대, 그리고 만경대에서 오색으로 하산은 일방통행이다.

만경대 등로로 들어서면 전혀 다른 길이 펼쳐진다. 전형적인 육산으로 그저 산책을 나온 기분이랄까. 한동안 내려섰다가 잠깐 오름이 있은 뒤 만경대로 이어졌다. 이 길엔 온통 다 노란빛 생강나무 단풍으로 물들어 간다.

　　　이건 복자기일까 복장나무일까. ↑
잎이 세 장인 건 둘 다 같지만 복자기는 잎에 큰 거치가 있는 반면 복장나무는 가장자리에 잔 톱니가 있는 특징으로 볼 때 이건 복장나무겠다. 복장나무는 복장이 단정해 수피도 매끄롬한 편이지만 복자기는 수피가 벗겨진다는 점도 함께 기억하면 좋겠다. 아무튼 복장나무나 복자기 역시 가을 단풍에 한몫 톡톡히 해주고 있음이다. 둘 다 단풍나무과 단풍나무속에 속한다.

　만경대로 가는 길, 진행 방향 좌측으로 시선을 돌려보니 44번 국도 너머로 서북능선 쪽이 살짝 드러난다. 가을과 겨울이 공존하는 설악답게 멀리서 봐도 이미 산의 색이 변하고 있음이 느껴진다.

며칠 전 큰 용기를 내어 평생 처음으로 대청봉에 올랐는데 추워 고생했다는 지인의 말이 생각났다. 두툼한 재킷 하나쯤 준비해야 한다 말해 줬는데도 얇은 바람막이만 챙겨 갔다가 혹독한 바람 맛을 봐야 했단다. 설마 10월 중순에 추우면 얼마나 춥고 무슨 상고대가 피고 찬 서리~ 했다가 크게 후회를 했다는… 갑자기 오한이 들면 풍경이고 뭣이고 얼른 하산했으면 싶은 생각 밖엔 들지 않으니 무엇을 즐길 수 있었겠는가. 설악 옛 이름에도 그러하듯 8월부터 눈이 내렸다는 얘기가 전해지는 건 괜한 소리가 아니었을 것이다. 설악의 겨울은 빨리 온다는 거 잊지 말자구요.

　며칠 전 어느 TV 프로그램을 보다가 우연히 들려오던 노랫가락에 한동안 넋을 놓고 바라보았다. 이 가을에 들으니 그 무덤덤한 듯한 리듬과 깊이가 가슴을 파고들어 왔다.

가수 양희은이 1990년대 초에 발표한 〈사랑 그 쓸쓸함에 대하여〉를 김건모, 하동균, 김필, 이은미, 윤민수 등 많은 가수들이 다시 부르며 명곡임을 증명한 노래로 가사나 곡 자체에서 풍기는 차분하면서도 담담함이 오히려 쓸쓸함은 극대화시켜 주고 있었다.

> 다시 또 누군가를 만나서 사랑을 하게 될 수 있을까.
> 그럴 수는 없을 것 같아 도무지 알 수 없는 한 가지
> 사람을 사랑한다는 그 일 참 쓸쓸한 일인 것 같아.
> …
> …
>
> — 작사 양희은, 작곡 이병우 〈사랑, 그 쓸쓸함에 대하여〉 —

　그렇게 만경대에 이르니 조망도가 하나 설치되어 있고 그 앞으로 사람들이 모여든다. 아주 한산한 날이어도 이 정도 사람은 있으니 작년 재작년 붐비던 그때라면 어떠했을지 아~ 나는 상상도 하지 못하겠다. 그러니 올라오기도 전에 후퇴했겠지만 말이다. 되돌아선 그날의 붐빔이 나에겐 보약이 되었어요. 다시금 찾아와 여유로운 만경대를 만끽하고 있으니 말이다.
기암병풍이 둘러쳐진 곳에 단풍이 함께하니 인파를 뚫고라도 한 번쯤 다녀갈 만하겠다. 평일에 시간을 낸다면 한결 수월하게 즐길 수 있을 것이다.

　아래로는 아까 올라온 주전골이 깊은 협곡이 되었고 위로는 흘림골의 기암들이 진열되어 있는 곳. 만물상이라는 이름답게 온갖 바위들 마치 제자리인 걸 알기라도 하는 듯 배열도 어찌 그리 능숙하게들도 하셨는지.

왼쪽 제일 뒤 봉우리가 흘림골의 최고봉인 등선대다. 어디 금강산에만 만물상이 있고 일만이천봉이 있다 했던가. 저 안, 속속들이엔 우리가 다 알지 못하는 비경들이 숨어 있을 것이고 그곳에서 보는 풍경은 또 얼마나 아름다울지 그러니 설악이란 보고 또 봐도 어찌 물림이란 있을 수가 있겠는가. ↓

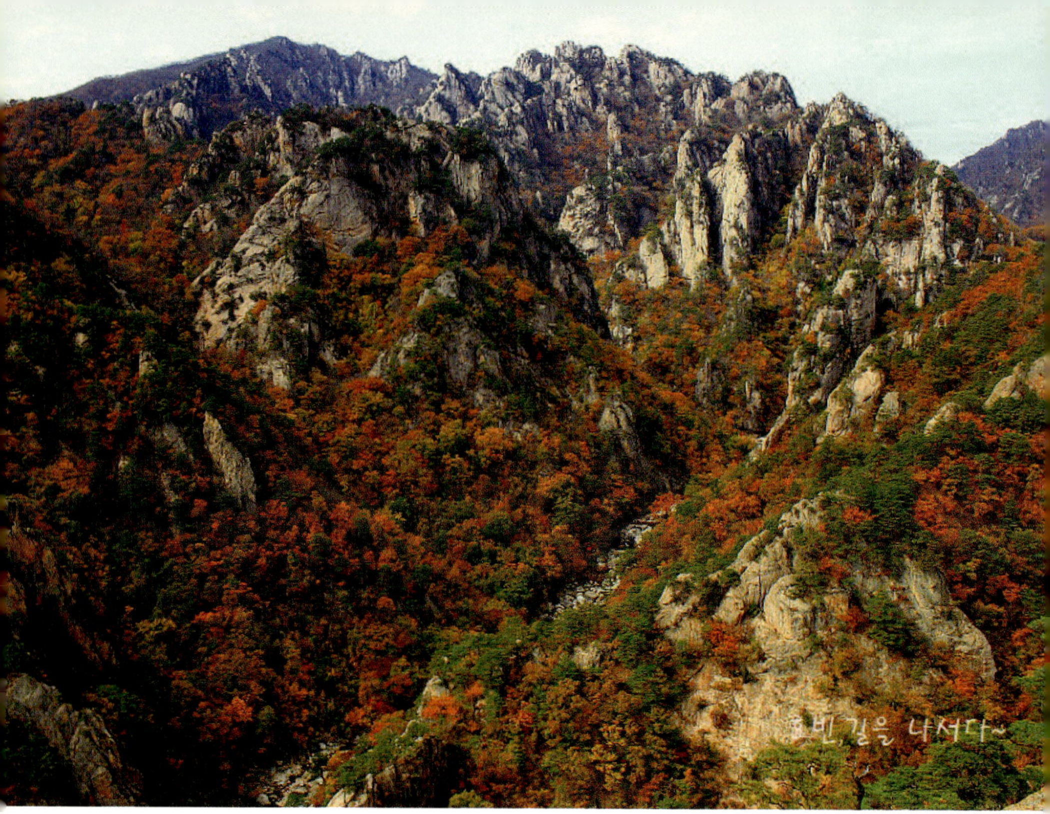
효빈,길을 나서다~

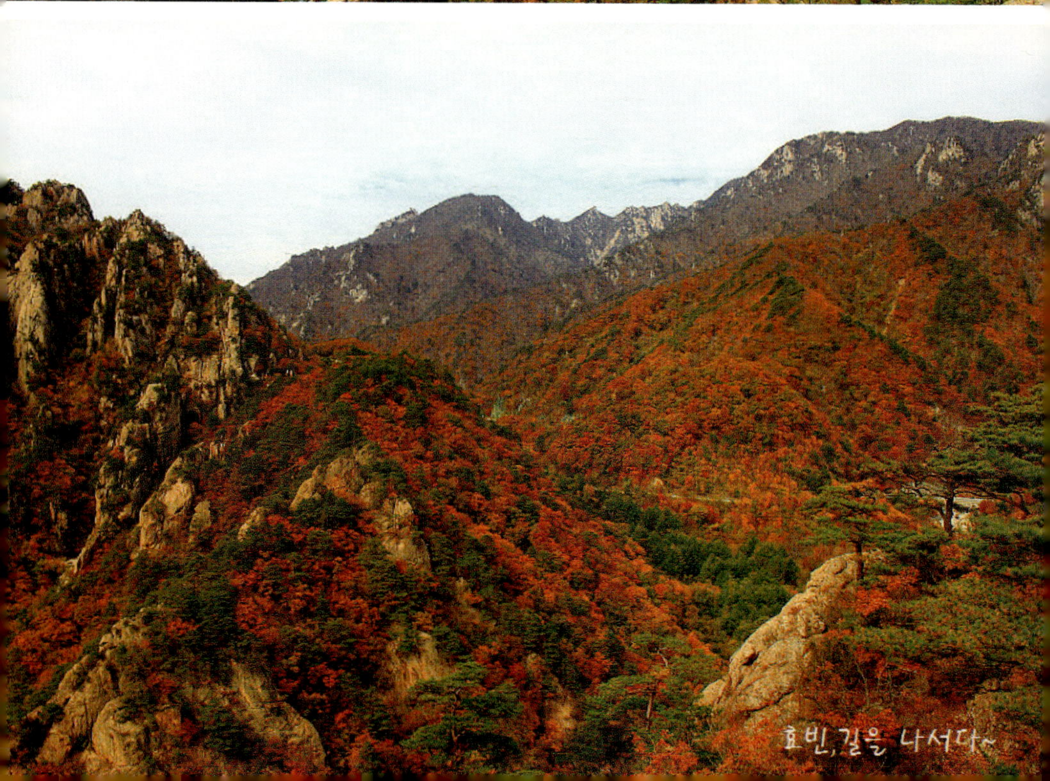
효빈,길을 나서다~

만물상 우측으론 한계령에서 내려오는 구불구불 도로가 이어지는데 저 길을 지날 때마다 늘 멈추고 싶은 충동을 느끼곤 한다. 차창 밖으로 보이는 풍경, 그것만으로도 설악을 느끼는 벅참이 있으니 말이다. 한계령 위로 보이는 서북능선은 이제 단풍색을 벗어버리고 조금은 황량한 계절을 맞았지만 설악 본연의 모습을 아낌없이 만날 수 있을 것이다.

왼쪽 뒤 움푹 들어간 곳에 한계령휴게소가 있다. 한계령에서 우측으로 오르면 중청과 대청봉, 귀때기청봉과 십이선녀탕으로 갈라지는 한계령삼거리를 만날 것이다. (↙ 왼쪽 아래 사진)

만경대를 다녀와 이 글을 쓰는 지금, 설악엔 눈이 내리고 있다 한다. 아~ 당장이라도 달려가고프지만 조금 더 무르익길 기다렸다가 그 쌓인 마음 다 토해내고 오리라.

가운데 점봉산과 그 우측으로 망대암산도 보인다. ↑

비정규탐방로라 맘대로 갈 수 없는 망대암산 점봉산. 백두대간을 할때마다 하필 어둡고 비가 내렸으니 위험했던 기억만이 크게 남았다. 보이지 않는다는 공포가 그 밧줄 구간의 두려움을 극대화시켰을 것이다. 언젠가 밝은 날 떳떳하게 올라보고 싶은 1순위가 되었다. 세상은 변하게 되어 있다. 절대 열리지 않을 것 같은 이 만경대가 개방된 것처럼 말이다.

별바위다. ↑

설악 비경 중엔 별을 따는 소년의 길도 있다. 얼마나 아름다웠으면 별이란 이름들이 붙여졌을까. 별만큼이나 반짝이게 느껴졌을 설악의 비경들.

　　만경대에서 오색으로 내려서는 길은 일방통행만 가능하다.
이제 단풍은 남녘으로 남녘으로 많이 내려갔고 이곳은 이제 말라가는 단풍들로 채워가지만 여전히 아름다운 가을 길로 손색이 없다.
70은 넘어 보이시는 분들. 미끄러운 낙엽 길에 손을 꼭 잡아주시는 모습이 여간 다정한 게 아니다. 마음이 없다면 생활이 무덤덤하다면 절대 할 수 없는 일. 부부든 새로 만나 노년을 함께하시는 분이든 참 아름답게 보였다.
　　다시 오색약수로 내려와 산행은 끝이 난다. 여전히 오색약수는 맛보려는 사람들로 인기가 좋다. 능시렁능시렁 70대 어르신들보다도 더 느적거리며 걸었다. 시간에 쫓겨 바삐 움직여야 하는 산행은 그 산행대로의 맛이 있고, 이런 날은 또 늑장 부리며 걷는 맛이 좋다.

　노천 족욕탕에서 발을 담그고 남은 버스 시간을 기다린다. 딱히 피곤한 것도 없는 날이지만 미지근한 것이 발의 피로를 풀어주기 그만이다.

남은 가을과 시작된 겨울도 설악을 빼놓곤 얘기할 수 없음이다. 설악 어디라도 명불허전, 그 명성 늦가을의 주전골과 만경대도 함께하고 있었다. 곧 겨울 설악을 보러 달려가리라.

효빈, 길을 나서다
설악산의 사계와 야생화

07
아~ 설악, 눈보라 치는 겨울 설악산

    11월 중순에서 12월 중순까지 약 한 달가량의 산불방지기간이 끝났다. 오랜만에 소공원에서 천불동으로 오르려 했으나 산방기간이 끝나기 무섭게 설악엔 폭설이 내렸고 저지대를 뺀 모든 구간이 통제되다가 오늘서야 오색코스는 입산 허가가 떨어졌다.

한계령에서 내리려던 사람들은 통제란 소식에 모두 오색(남설악탐방센터)에서 산행을 시작해야 했다. 차가 잠깐 멈추었을 때 담은 한계령휴게소 사진이다. 한계령과는 달리 오색 쪽으론 눈이 덜 왔던 것인지 폭설이 왔으나 의심할 정도로 오름길에 눈이 많지 않았다. 하기야 모른다. 설악이 어디 한 단면만 보고 설악이었던가.

    역시나 조금씩 올라갈수록 눈은 많아지고 올겨울 들어 최고로 춥다는 날,

대청봉이 가까워질수록 점점 바람이 위압적으로 다가오고 있다. 하늘은 청량하기 그지없고 이 길을 거닐 수 있음이 그저 감사함이니 바람이 거세지면 어떠하고 좀 춥다기로서니 또 어떠할 것인가.

눈길에 걸음은 더뎌지고 거의 지쳐갈 무렵, 건너편으로 조망이 트이기 시작하니 그 힘든 숨소리마저도 기분 좋은 엔돌핀으로 바뀌고 있었다. 우측 점봉산은 오늘도 그 자리 그대로 뒤돌아봄을 즐기게 해 주고 가운데쯤 푹 패인 곰배령에 희끗한 눈밭도 선명하게 드러났다. 점봉산도 곰배령도 그립고 그 너머 기다랗게 이어지는 방태산도 손짓하고 있는 것만 같다.

방태산도 겨울 산행지로 손색없는 곳이다. ↑

한계령이 통제되는 바람에 동서울에서 같은 버스를 타고 오신 분들 대부분이 오색으로 오르고 있다. 중청대피소에 예약하고 오신다는 분들은 아직 중간지점쯤 올라오실 것이고 오늘 천불동으로 하산하신다는 두세 분이 앞뒤로 함께 걷는다. 나 포함 모두 1인객들. 모두 어느 정도는 산행에 단련된 분들이리라.

정상이 가까워지고 하늘이 열리는 이 지점 오를 때면 어떤 설악을 만날지 늘 기대에 들뜨게 된다. 하늘은 더없이 푸르고 살을 에일 듯한 추위마저도 상쾌함으로 받아들여지는 이 기분은 무엇과도 비할 수 없는 짜릿함이다.

폭설에도 눈 양이 많지 않은 이유는 고산부 바람이 워낙 심해서기도 하고 등로를 벗어나 바람 잠잠한 곳으론 허리까지 차오를 수도 있어 특히나 겨울 산행엔 정규등산로를 이용하고 안전을 챙기는 게 무엇보다 중요할 것이다. 강릉과 정선 경계에 있는 노추산 사달산에 갔다가 사달산 하산길에서 정말 아찔한 경험을 한 적도 있었다.

물론 산악회의 진행이었지만 특별한 안내나 리딩이 없는 곳이었고 눈 속에 등로가 파묻혀 참석한 회원들 대부분이 길을 잃어 다른 곳으로 내려가 택시를 타고 돌아오거나 어두워져서야 간신히 하산할 수 있었는데 그것만으로도 정말 크게 감사해야 할 날이었다. 어두워지도록 하산한 사람은 겨우 대여섯. 어느 민가 고마운 할아버지가 내어준 부뚜막에 불을 지피며 회원들을 기다렸던 기억이 생생하다. 겨울 산행은 언제라도 위험이 도사린다는 점도 잊지 않았으면 좋겠다.

아~ 정상으로 오르기 전 뒤돌아보니 가슴이 활짝 열리는 것만 같다. ↑
응복산 약수산 오대산 황병산 선자령으로 강원도 백두대간이 장쾌하게 이어지는 곳이고 계방산 가리왕산 등 명산들이 포진되어 있는 곳이다. 이런 시원함을 느끼고 싶어 고산에 오르는 것이다. 겨우 다녀간 지 두 달이 채 되지 않았지만 설악에 오고 싶어 안달이 났었다.

바람이 거세진다. 깊게 패였던 길마저도 순식간에 평지를 만들어버리고 보통 때 겨울의 대청봉 바람 그 이상임이 피부로 전해지고 있다.

효빈 길을 나서다~

효빈 길을 나서다

정상으로 올라서니 바람이 어찌나 심한지 혼자선 버티고 있을 수도 없다. 자주 오르다 보니 정상석은 패스하는 경우가 많은데 정작 카메라가 흔들려 들고 있기도 힘든 오늘은 무슨 심리인지 꼭 한 장을 남기고 싶었다. 겨우 대청봉(1,708m) 정상석 하나만을 찍고 일단 대피를 하기로 한다. 어디 겨울 대청봉 바람 맛을 한두 번 접했겠느냐만은 이대로 있다간 정말로 휘청 날아갈 것만 같다.

몇 올라오신 분들은 사진이고 뭐고 바로 중청대피소로 급히 내려가셨다. 그럴 만했다. 심한 바람과 눈보라까지 합세하니 제정신이 아니다. 몇 해 겨울 중에 최고의 바람이었고 추위었다.

　　잠시 바위 뒤로 몸을 숨겼다가 다시 일어나 보지만 역시나 더 이상 정상엔 머물 수가 없겠다. 어차피 중청대피소로 내려가며 보는 풍경도 근사하니 일단 정상을 벗어나기로 한다.
오른쪽 아래 중청대피소와 군 시설로 통제되어 있는 중청(둥그런 볼 있는 곳), 그리고 왼쪽으로는 끝청으로 이어지고 다시 오른쪽으로 휘감아 돌아 서북능선 귀때기청봉으로 이어진다.
　　왼쪽 뒤론 뾰족뾰족 가리봉과 주걱봉. 가운데 귀때기청봉. 귀때기청봉은 그 바로 오른쪽으로 통제되어 있는 안산을 떨구고 십이선녀탕과 남교리로 흐른다. ↑

 이렇게 평온해 보이는데 이리도 따뜻해 보이는데 그러나 그건 그저 사진의 눈속임일 뿐이다. 사진이란 참으로 오묘해서 가끔은 그 풍경보다 훨씬 아름답게 담기기도 하고 어느 때는 그 풍경과 색감을 따라와 주지 못해 안

타까울 때도 있다. 카메라를 넣었다 뺐다 하면서 설정값이 잘못 돌아가 버린 탓에 오히려 따뜻한 세상이 되었다.

그러나 현실은 장갑을 세 켤레나 꼈는데도 손은 이미 무감각해지고 입은 굳어 가니 이게 누구의 몸인지도 모르겠다.

이 황홀한 겨울산 좀 보라.
카리스마 철철 넘치던 기암의 향연에 부드러운 솜사탕들이 들어앉았으니 오

히려 그 기세 더욱이나 돋보이고 있었다. 오른쪽 신선대에서부터 왼쪽으로 거슬러 올라 1275봉을 떨구고 왼쪽 마등령으로 공룡능선을 넘고 그 뒷라인 황철봉으로 신선봉으로 백두대간은 이어진다. 왼쪽 뒤로 눈이 쌓여 희끗한 향로봉과 향로봉 너머로 금강산마저도 뚜렷하니 이 어찌 추위에 굴복할 것인가. ↑

가운데 향로봉(1,293m)엔 그 일대에만 눈이 더 쌓여 있고 그 뒤로 금강산이 손에 잡힐 듯 가깝기만 하다. 저리 가까이에 두고도 밟아볼 수 없다는 것이 이

얼마나 안타까운 일이던가. 남북 정상이 만나던 날, 나는 기대에 한껏 들떠 있었다. 당장이라도 금강산, 백두산에도 희망이 날아올 것만 같았다. 마음을 합친다는 게 어디 그리 쉬운 일이겠느냐만 나는 기다린다. 언젠가 우리 땅 우리 길로 저 능선들을 넘고 넘어 금강산 백두산에 오를 날을 말이다. 금강산에 올라 이곳을 바라보며 새로운 설악에 대해서도 논해 보고 싶음이다.

우측 뾰족한 화채봉에서 집성봉 권금성까지 뻗어 내리는 능선과 뒤로는 푸르다와 파랗다의 두 단어를 모두 써 버려도 아깝지 않을 바다와 하늘이

장관인 날이다. 당겨 보면 속초와 양양의 모든 것이 보일 정도로 깨끗하기만 하다. 불어대는 바람에 제대로 서 있기 힘이 들지만 그렇다고 어찌 저 풍광을 두고 도망치듯 내려서겠는가. 이 순간을 어찌 외면하고 지나칠 수 있겠는가.

　사진 한 장을 찍고 나면 손은 시렵다 못해 차라리 통증이고 헐어버린 코끝은 이미 붉게 익었고 입술은 파랗다 못해 검어지고 있다. 며칠째 병원을 가고 약을 먹어도 낫지 않던 감기. 그 감기 보란 듯이 오늘 추위와 바람 앞에 서니 그게 무슨 대수였다고 환자 노릇을 했었던가. 바람에 따라 이리저리 그려지는 눈물결까지 모든 게 다 아름다움이다.

부는 바람만큼이나 가슴이 뻥 뚫리는 순간이 아닐 수 없다. 이 모습을 보고자 그토록 설악이 그리웠나 보다. 살이 터질 듯한 이 바람 맛이 그리웠는지도 모른다. 바람 때문에 바로 중청대피소로 내려가셨던 몇몇 분이 무슨 일인지 다시 대청봉으로 오르고 있다.

통제는 막 풀렸지만 천불동으로의 하산길이 위험할 수 있으니 다시 오색으로 내려가는 게 좋겠다는 이야기를 들었다는 것이다. 아~ 이게 무슨 일이랑

가. 중청대피소 거의 다 내려와 고민에 빠진다. 다른 분들은 대청 넘어 다시 오색으로 넘어가셨는데 어찌해야 할지 모르겠다. 다시 저 휘몰아치는 대청을 넘는다는 것도, 오색의 끝없는 계단과 어설피 쌓인 눈길 하산도 마땅치 않고, 이런 풍광을 두고 다시 왔던 길 하산은 정말 하고 싶지가 않다.

그래도 같은 버스로 오셨던 분 중에 천불동으로 가시겠다는 분이 계시니 조금은 의지가 될 것만 같다. 물론 아무도 아니 간다 해도 난 그대로 진행했겠지만 말이다. 눈 많은 겨울 산행에서는 발자국 하나 있고 없고에 따라 산행이 훨 수월해질 수 있으니 누군가 앞쪽에 걸어주는 것만으로도 얼마나 힘이 되는지 모른다.

　중청대피소를 지나며 대청봉을 바라보니 괜한 뭉클함이 느껴진다. 그저 그런 것 같은 삼각봉 하나가 사계절 이리도 유혹을 해대고 있었으니 나는 그대 때문에 정신이 혼미할 따름이라오. 봄부터 가을까지 온갖 다양하고 귀한 식생들이 가득하던 곳. 그 유혹을 떨칠 수 없어 수없이 오르고 또 올라야 했다. 그동안 설악이란 말로는 다 형용하지 못할 기쁨이었고 두근거림이었고 세상에게서 다 채울 수 없는 따뜻함이었다. 언젠가는 한번 생각을 해 보았다. 내가 왜 굳이 서울에 살아야 할까. 그럴만한 특별한 이유가 사라진 뒤 나는 지방으로의 이사 계획을 꿈꾸고 지방 산행지에 내려갈 때마다 조금씩 주거지를 알아보기도 했다.

당일로 다녀오기 쉽지 않았던 경남이나 전남 산지들을 위해 그쪽 소도시로 이사를 해 볼까. 아님 중간에 있어 이동이 용이한 대전 쪽은 어떨까. 그래서 정말 집을 내놓았고 매매를 기다렸지만 하필 부동산 침체기였고 매번 시간 약속을 잡고 집을 보여주는 것도 참으로 번거롭게 느껴졌다. 결국 몇 개월 만에 포기를 했지만 그 내면엔 지방으로 가면 설악 가기가 그리 쉬운 일이 아닐 수 있다는 무언의 압박이 자리하고 있었는지도 모른다.

나에게 서울 사는 좋은 점이 무어냐 물으신다면 나는 아마도 설악을 당일로 다녀올 수 있다는 점이라 주저 없이 말할 수 있을 것이다. 그렇다면 속초나 설악 가까운 곳에 살면 되지 않느냐 반문하시겠지만 적당한 거리를 두어 긴장감을 유지하고 싶은 것이다.

새벽에 부지런을 떨어야 만날 수 있고, 서울의 그 뿌옇던 미세먼지 아침이 설악에 닿는 순간 어떤 하늘을 수놓을지 달리는 버스 안에서 눈을 감고 떠올려 보고 싶음이다.

산상의 화원이던 이곳에도 이젠 좀 쉬어 가는 시간.
그 쉼마저도 이리 황홀함을 이끌어 내주시니 어찌 설악을 논하지 않을 것인가.

효빈, 길을 나서다~

중청대피소를 지나 소청으로 내려가면서 본 오른쪽 대청봉과 중청대피소. 그리고 왼쪽은 화채능선의 화채봉. 수평선과 더불어 그 라인이 수려하기만 하다. ↑

날카로운 용아룽과 그 속에 숨은 봉정암도 귀때기청봉을 중심으로 좌 가리봉 주걱봉, 우 안산도 기세등등 겨울을 맞았다.

효빈,길을 나서다~

　참으로 가슴 시원해지는 풍경 아닌가. ↑

이런 장쾌함 때문에 추위를 무릅쓰고라도 설악에 오는 것이다. 겨울 산행에 나서는 것이다. 설악을 넘어 금강산이 보이는 이 길을 걷는 기분은 무어라 표현할 수 없을 만큼의 벅참이 있다. 사진으로 다시 보아도 나는 가슴이 뛴다. 소청으로 가는 길엔 눈이 많이 녹지 않았다. 그러니 희운각으로 내려서는 길엔 이보다 더 많은 적설량을 보일 것이다. 통제가 풀리기 무섭게 달려온 설악에서 이런 설경과 만날 수 있다는 것도 행운이고 무거운 눈길로 걸음은 더디고 힘은 두 배로 들어가지만 이런 설산을 걷는 희열. 지금 무엇이 부러울 것인가.

효빈 길을 나서다~

야생화에 관심을 갖기 시작하면서 수없이 오르내렸던 설악산. 꽃 피고 녹음 우거지고 단풍 물들고 또 온통 순백으로 만드는 겨울날까지 사계가 존재한다는 것은 또 얼마나 감사한 일이고 축복받은 일이던가. 산상의 화원이던 이곳이 이젠 이렇게 부드러운 설국으로 변해 있으니 오늘을 이 어찌 환호하지 않을 것이며 설악의 위대함에 대한 끝없는 수다를 어찌 다 막을 것인가. 소청에 올라서니 마치 거대 생크림케이크라도 만들어 놓은 듯하니 달달한 눈밭에 취해 이리저리 뛰어다니며 그 감정을 숨길 수 없었다.

겨울엔 백담사에서 용대리(백담사 입구)로 나가는 버스가 운행되지 않아 하산해서도 불편이 뒤따르게 된다. 그러니 천불동으로의 하산이 답일 수 있다. 소청에서 봉정암과 백담사 대신, 희운각대피소와 천불동 방향으로 내려선다. 눈이 많이 없는 것 같아도 아래쪽으론 거의 1m 넘게 쌓여 있어 내림길 애를 좀 먹어야 했고 중간중간 엉덩이를 깔고 내려서는 게 안전하게 느껴졌다.

스패츠와 아이젠에 단단히 등산화를 여미고 희운각대피소로 내려왔지만 급경사에서 많은 눈을 쓸고 내려오니 등산화에 눈이 들어가 발이 시려온다. 사진을 찍을 수도 없을 만큼 눈은 소청에서 희운각대피소 내려올 때가 가장 많았고 위험했다. 많은 눈의 쏠림이 즐겁기도 했지만 두려움이기도 했다.

대피소에 들어가 재정비를 하는데 운동화에 얇고 짧은 양말, 발목이 보이는 짤막한 바지 차림의 20대 초반의 남자. 스패츠도 아니 하고 외국인 두 명을 데리고 정상을 오르겠다고 한다. 이미 내려오면서 급경사 많은 눈의 실체를 본 산객 두어 명과 대피소 직원이 그 차림으로 올라섰다간 큰 상해를 입는다고 만류했지만 끝내 그 어린 친구는 소청을 향해 올라섰다.

젊음의 패기도 좋고 외국인 친구들에게 멋진 설악을 보여 주고 싶은 마음은 이해한다만 바람까지 심해 체감 온도는 더 떨어진 날, 너무 준비가 부족했다. 설악이 어디 그리 호락한 곳이었던가. 베테랑 꾼들마저 늘 준비해야 하는 곳이 설악이고 겨울의 고산인데 말이다. 호기롭게 올라가긴 했겠지만 그 친구에게 설악은 화사하기만 하던 곳은 아니라는 걸 깨달을 수 있는 시간이 되었을 것이다.

　무너미고개에서 비선대와 천불동으로 하산한다. ↑

좌측 공룡능선은 아예 길 자체가 나지 않았다. 겨울 공룡능선은 지나는 이 많지 않아 눈이 많이 내렸을 때는 특히나 안전에 유의해야 할 것이다. 오늘 이 길을 걸은 앞선 한 걸음 한 걸음들은 내일의 객들에게 좋은 안내자이자 지침이 되어 줄 것이다. 희운각을 지나니 이제 한결 마음도 편안해졌다.

효빈,길을 나서다~

 그러나 이제부터 비선대로의 하산길도 절대 만만하지가 않다. 예상치 않은 곳에서 눈보라가 몰아닥치고 길은 순식간에 사라지기를 반복한다. 겨울산은, 특히나 고산의 겨울산은 언제라도 위험이 닥칠 수 있다는 거. 그러니 철저한 준비와 자신의 체력에 맞는 산행이 답이라는 건 강조하고 강조해도 모자람이 없겠다. 그런 뒤에 맛보는 짜릿한 풍경은 그곳을 밟아 본 자만의 보상이 되어 줄 것이다.

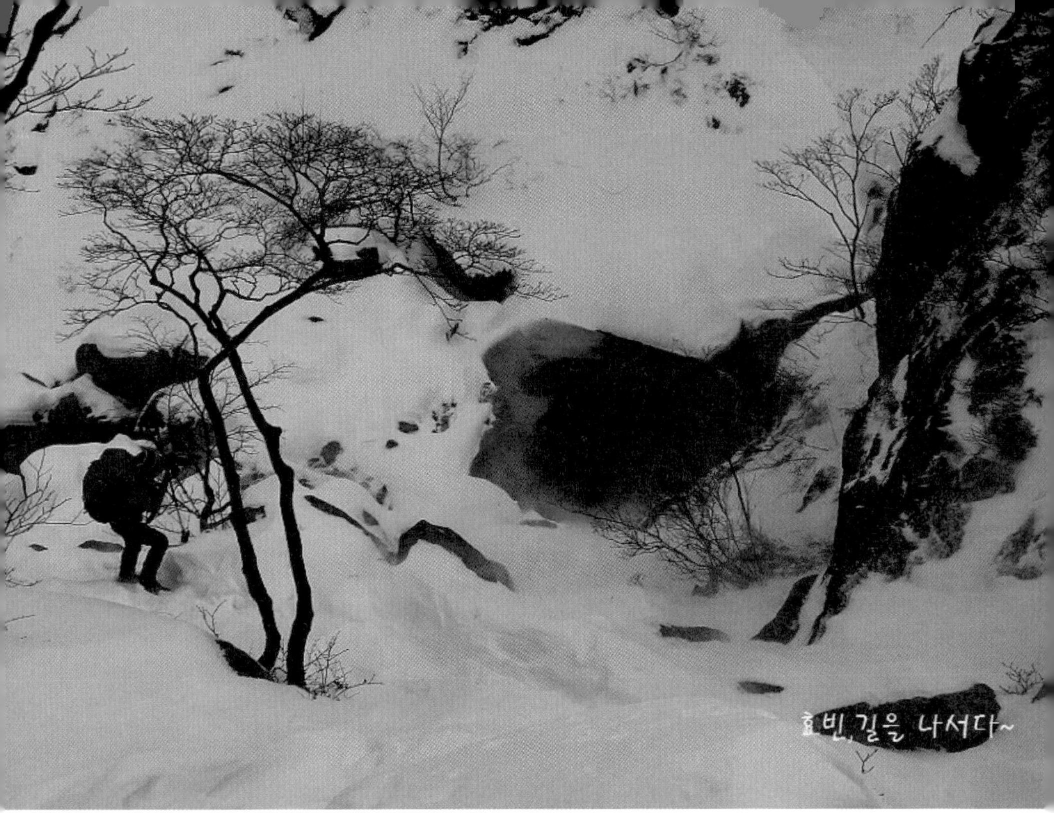
효빈,길을 나서다~

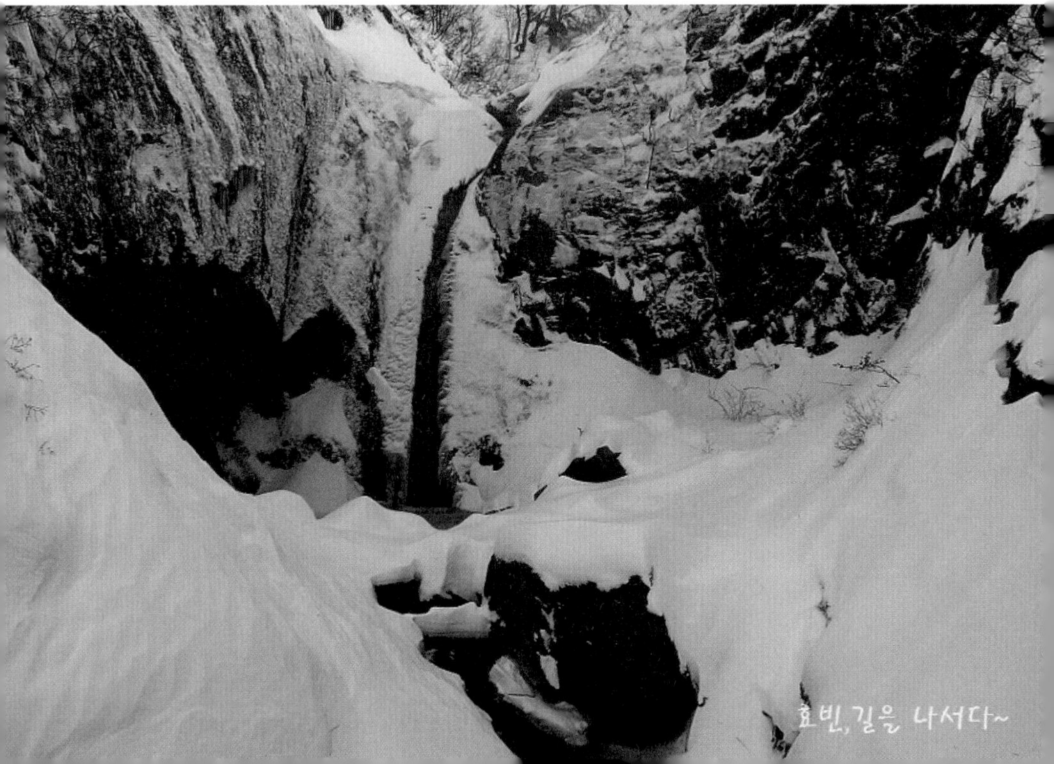
효빈,길을 나서다~

청아한 물이 흐르던 폭포들은 설산의 온천수라도 나오는 듯하고 깊은 산속 옹달샘처럼 차분해진 모습이 경건해지기까지 한다. 그 화려하던 천당폭포 물소리도 잠시 멈춰 섰다. 속세의 모든 고통이 이곳에 이르면 마치 천당에 온 것 같다 하여 천당폭포가 되었다니 그래~ 천당이 별거였더냐.

하루쯤 마음 쉴 수 있고 그저 멍 바라볼 수 있으면 그게 행복이고 쉼이겠지. 사는 게 얼마나들 거창하겠는가. 소박한 모습으로 멈춰 선 폭포수에 나도 잠시 마음이 평온해졌다.

낙석 방지 덮개가 씌워진 천불동계곡도 겨울 풍경 그대로 머금었고 언젠가 당일 산행이 힘들어질 때 이용해 봐도 좋을 양폭대피소도 수려한 기암과 더불어 한 폭의 그림이 되었다.

효빈, 길을 나서다~

몽유도원도가 이런 모습이었을까.
1447년(세종 29년) 안평대군이 무릉도원의 꿈을 꾼 후, 그 모습을 안견에게 그리게 했다는 〈몽유도원도〉. 그 꿈속의 무릉도원을 안견은 비단에 수묵담채화로 그려냈다. 그 복숭아밭이 없으면 어떠하고 비단 바탕이 아니면 또 어떠하랴. 이 거대 자연이 비단이고 화단인 것을 말이다.

요즘은 거의 사라져 볼 수 없지만 연말연시가 되면 연하장이나 크리스마스 카드를 보낸 기억들이 있을 것이다. 빼놓지 않던 엽서 속의 그림. 바로 이 자연 속의 설경이다. 이젠 전화 한 통, 문자 한 줄로 모든 게 소통되는 세상. 큰맘 먹고 이번 겨울 고맙고 그리운 이들에게 손으로 쓴 그림엽서 한 장 보내 보는 건 어떠할까. 그 정성에 받는 이의 기쁨은 배가 될 것이고 보낸 이의 마음도 뿌듯하기만 할 것이다. 감기란 얘기에 먹을 거 바리바리 택배를 보내준 엄마. 나도 한동안 잊고 있던 연하장 한 장 보내드려야겠다.

거의 눈사태에 가까운 눈보라가 휘몰아친다. 아름답지만 그 아름다움이 순식간에 위협으로 변하기도 하는 겨울산. 큰 눈덩이들은 돌처럼 딱딱해 떨어지는 순간 낙석이 되기도 한다.
이런 설악을 마주할 때면 '우리에게 겨울이 없다면 무엇으로 따듯한 포옹을 하고 무엇으로 서로 깊어졌겠느냐'고 노래하던 박노해 시인의 「겨울사랑」이 떠오르곤 한다.

그래~ 우리에게 겨울이 없었다면 따뜻한 포옹도, 그대를 기다리는 설렘도, 생동감 넘치는 봄소식도 애타게 기다리기나 했겠는가.

비선대로 내려서니 계곡도 그 형태만을 남겨둔 채 꽁꽁 얼어붙었다. 기암절벽 사이로 너른 암반과 그 위로 흐르는 옥같이 맑은 물. 와선대에 누워서 주변 경관을 감상하던 마고선이 이곳에서 하늘로 올라갔다 하여 비선대라 부르게 되었단다. 비선대에서 남쪽으로는 천불동계곡으로 서쪽으로는 금강굴 지나 마등령으로 이어지게 된다.

소공원(설악동) 주차장으로 가는 길엔 중국인 관광객이 단체 나들이를 나와 있었다. 물론 높은 곳으로 오르지 못했으니 설악을 제대로 보진 못했겠지만 아래의 풍경만으로도 설악을 느끼기에 부족하지 않았을 것이다. 미끄러워 발을 동동거리면서도 여기저기서 환호가 터져 나왔다.

효빈, 길을 나서다~

효빈, 길을 나서다~

산에 오르기 힘든 분들은 케이블카 타고 권금성에서 보는 풍경도 장관일 것이다. 절경이란 설악이란 말과 일치할 것만 같은 하루였다. 설악동 버스 정류장에서 시내버스를 타고 속초로 가서 6시 10분 동서울행 버스를 탈 수 있었다. 깊은 눈길로 걸음은 더뎌졌고 조금의 두려움도 있었지만 설렘과 흥분으로 가득 채워졌다.

아~ 다시 생각해도 겨울 설악은 무덤덤한 일상에 큰 활력이 되어 주었다. 봄날의 산솜다리와 난장이붓꽃이 반기던 공룡능선부터, 진정 설악을 말해주는 여름날의 바람꽃과 금강초롱 구름체꽃이 화사함의 절정으로 수를 놓고, 가장 먼저 단풍 소식 들려주는 설악의 고운 빛은 또 어떠했던가. 그 모든 여정을 아낌없이 고스란히 내어주고서야 설악은 이제야 깊은 쉼에 들어갔다. 또다시 깨어날 설악의 봄날을 기다리며 이 글을 마친다.

효빈, 길을 나서다
설악산의 사계와 야생화